Governança, ESG e Estrutura Organizacional

Governança, ESG e Estrutura Organizacional

2022

Rubens Ifraim Filho
Agliberto Alves Cierco

GOVERNANÇA, ESG E ESTRUTURA ORGANIZACIONAL

© Almedina, 2020
AUTORES: Rubens Ifraim Filho e Agliberto Alves Cierco

DIRETOR DA ALMEDINA BRASIL: Rodrigo Mentz
EDITOR DE CIÊNCIAS SOCIAIS E HUMANAS E LITERATURA: Marco Pace
ASSISTENTES EDITORIAIS: Isabela Leite e Larissa Nogueira
ESTAGIÁRIA DE PRODUÇÃO: Laura Roberti

REVISÃO: Sol Coelho e Luciana Boni
DIAGRAMAÇÃO: Almedina
DESIGN DE CAPA: Roberta Bassanetto
IMAGEM DE CAPA: Arthonmeekodong – Freepik.com

ISBN: 9786587019451
Outubro, 2022

Dados Internacionais de Catalogação na Publicação (CIP)
(Câmara Brasileira do Livro, SP, Brasil)

Ifraim Filho, Rubens
Governança, ESG e estrutura organizacional /
Rubens Ifraim Filho, Agliberto Alves Cierco. --
São Paulo : Actual, 2022.

ISBN 978-65-87019-45-1

1. Compliance 2. Estrutura organizacional
3. Governança corporativa I. Cierco, Agliberto
Alves. II. Título.

22-124215 CDD-658.4

Índices para catálogo sistemático:

1. Governança corporativa : Administração de empresas 658.4

Aline Graziele Benitez – Bibliotecária – CRB-1/3129

Este livro segue as regras do novo Acordo Ortográfico da Língua Portuguesa (1990).

EDITORA: Almedina Brasil
Rua José Maria Lisboa, 860, Conj.131 e 132, Jardim Paulista | 01423-001 São Paulo | Brasil
www.almedina.com.br

Aos nossos alunos, colegas docentes, gestores
e aos interessados neste tema envolvente
que nos inspiram para avançarmos
na estrada do conhecimento.

Sobre os Autores

Rubens Ifraim Filho é Doutor, Ph.D em Business Administration pela FCU (Califórnia, EUA), Mestre em Administração de Empresas pela Universidade Federal da Paraíba, Mestre em Desenvolvimento Humano e Sustentável pela Universidade Bolivariana de Santiago do Chile, especialista em Engenharia de Produção (MBA em Gestão de Empreendimentos) pela PROMINP/PETROBRAS e especialista em Gestão Empresarial (MBA) pela FGV. Possui cursos de extensão em Negócios e B2B pela Universidade de São Paulo (USP). Graduado em Estrutura e Planejamento Urbano pela Faculdade de Belas Artes de São Paulo. Possui 27 anos de carreira construída trabalhando direta e indiretamente para empresas de primeira linha, em nível nacional e internacional, sempre atuando com "Triple Bottom Line". Foi empresário por onze anos, período em que adquiriu experiência na formação e liderança de equipes multidisciplinares, resolução de conflitos, conquista de resultados, treinamentos e solução de problemas. Escritor/Coautor do livro: "Métodos Ágeis: Sprints de Experiências Práticas" e professor pela FIA/BBS em áreas diversas, executivo de gestão técnico-comercial e inteligência de mercado, diretor operacional na IPMA BRASIL SP, sênior manager de negócios, projetos, Governança e ESG, estratégia e contratos (EPCs, Turn-Key, Parcerias, PPPs e Consórcios), Perito e Administrador em Estratégia pelo CRA/SP. Possui Credencial Profissional CREA, CAU e CRA.

Agliberto Alves Cierco é Doutor, Ph.D, em Gestão Geral, Estratégia e Desenvolvimento Empresarial pelo ISCTE-IUL (Lisboa, Portugal), Doutor, D.Sc., em Engenharia Oceânica pela COPPE-UFRJ, Mestre, M.Sc., em Engenharia de Produção pela COPPE-UFRJ, Especialista em Engenharia Econômica & Administração Industrial pela UFRJ, especialista em Análise de Sistemas pela UFJF, Engenheiro Mecânico com ênfase em Produção. Pós-doutorando em Administração de Empresas pelo PPGAd-UFF. Conselheiro certificado pela FGV. Certificado como Scrum Master pela ScrumAlliance. Certificado como PMP, Project Management Professional, pelo PMI. Co-autor de livros e crítico literário especializado em TI no site Computing Reviews. Tem vivência de 42 anos em cargos executivos em diversas organizações de médio e grande porte, além de treinamento gerencial e consultoria. É também professor convidado e coordenador acadêmico-executivo no programa FGV Management, IDE, desde 1997.

Sumário

Introdução

O objetivo deste livro é analisar a implementação e manutenção da Governança e ESG aliadas aos aspectos da Estrutura Organizacional, permitindo que as empresas reconheçam seus limites, responsabilidades, sua missão, função e os reveses relacionados. Salientamos que ESG – traduzido do inglês, Governança Ambiental, Social e Corporativa –, é um conceito que avalia as operações das principais empresas conforme os seus impactos em três eixos da sustentabilidade – o Meio Ambiente, o Social e a Governança. A medida oferece mais transparência aos investidores sobre as empresas nas quais eles estão investindo.

À luz da Estrutura organizacional, a Governança e a ESG podem se tornar ferramentas fundamentais na economia mundial, pois são uma exigência recorrente dos investidores, essenciais para a sobrevivência e sustentabilidade.

Considerando que o mercado carece de aplicação prática (ferramental), e não "mais do mesmo" na literatura atual, propõe-se deixar clara a caracterização entre Governança, ESG e *Compliance*, desmistificar o assunto, abordar o contexto atual de mercado e inserir o tema – ou seja, após a revolução 4.0 –, e mostrar a transversalidade de sua aplicação nos mais diversos formatos de Estrutura.

Também será contextualizado o tema por meio de aspectos históricos relevantes, apresentando sua estrutura clássica e os principais elementos de Governança e ESG, discutindo e aprofundando a compreensão de seus aspectos empresariais, seus desenvolvimentos legislativos, os novos riscos jurídicos e os mecanismos de proteção de empresas, negócios e propriedades. Esclareceremos suas regras e aplicação no dia a dia das empresas e instituições, entendendo o escopo e os aspectos que estão na base da Governança e ESG, compreendendo a correlação entre as suas práticas e seu impacto no valor da empresa, no prisma da Estrutura organizacional. Neste caminho, percorremos a Governança e ESG e os seus desdobramentos na estratégia de gestão de pessoas, seus respectivos princípios, a Estrutura organizacional, a teoria dos *stakeholders*, as diferentes naturezas das organizações, as múltiplas estruturas organizacionais e sua definição, complexidade, formalização, tamanho, as novas formas organizacionais e os reflexos da estrutura na vida e nos arranjos corporativos.

O livro está estruturado em quatro capítulos. O primeiro capítulo trata dos princípios de Governança e ESG: transparência, equidade, prestação de contas (*accountability*) e Responsabilidade Corporativa; do processo decisório e das boas práticas de Governança e ESG; da Estrutura de Governança e ESG e os seus órgãos; do conselho de administração, conselho fiscal, comitês de suporte à decisão e do conselho consultivo e conselho de família; e da teoria dos *stakeholders*, descrevendo os órgãos de uma estrutura de Governança e ESG, identificando seus princípios e relacionando-os às boas práticas no processo decisório da alta gestão estratégica, e reconhecendo a teoria dos *stakeholders*.

O segundo capítulo aborda a respectiva Estrutura organizacional e o ambiente externo; o ambiente organizacional; as fontes de incerteza e a teoria da dependência de recursos; o gerenciamento das interdependências simbióticas e competitivas de recursos; e a teoria dos custos de transação, identificando os impactos dos diferentes ambientes externos na estruturação e no funcionamento das organizações.

No terceiro capítulo serão apresentados os principais desenhos e as respectivas estruturas organizacionais, ou seja: estrutura funcional, estrutura divisional, estrutura matricial, estrutura híbrida, estrutura horizontal e os novos arranjos corporativos, reconhecendo os diferentes desenhos organizacionais e diferenciando os prós e contras de cada estrutura.

O quarto capítulo aprofunda o tema com as transformações organizacionais, o ciclo de vida organizacional, o nascimento e crescimento das organizações, bem como seu declínio e morte, identificando as características de cada etapa e elaborando estratégias factíveis para cada uma delas.

Ao final, serão apresentas as conclusões, compreendendo as causas raízes e os problemas centrais que se originam e sustentam o sistema de Governança e ESG dentro das respectivas estruturas organizacionais, absorvendo os requisitos para a construção de um modelo de Governança e ESG, compreendendo os seus requisitos institucionais: aspectos básicos do direito societário, marcos regulatórios e códigos de boa conduta. Objetiva-se entender, assim, a relação entre acionistas, conselheiros e diretores no ambiente interno e entre as diferentes instituições da estrutura de governo, compreendendo a relação entre Governança e ESG e o valor da empresa para os investidores no mercado de capitais e suas correspondentes estruturas organizacionais.

Capítulo 1

Princípios Norteadores da Atual Governança Corporativa e ESG

Sabemos que a Governança, ESG e seus respectivos princípios norteadores são um componente diferencial positivo para as empresas. Seus princípios e valores corporativos nos levam a uma política transparente, natural e democrática. Também são instrumentos essenciais para a implementação desses princípios e valores dentro da ampla rede de abrangência da organização. Porém, no contexto atual, e dentro de uma escala global cada vez mais regulamentada, complexa e interdependente, onde as pressões externas estão maiores, sua decorrente Estrutura organizacional, em relação ao respectivo ambiente externo, precisa ser adaptada, entendida e flexibilizada, como forma de sustentabilidade, não se circunscrevendo aos limites da propriedade e gestão, e sim, a todo o rol de *stakeholders* no seu amplo espectro de relacionamento.

1.1. Transparência, equidade e prestação de contas (*accountability*)

De acordo com este novo contexto ampliado e seus consequentes reflexos na Estrutura organizacional, a transparência aplicada ao ambiente organizacional pode significar que a empresa estaria disposta a demonstrar seus mecanismos internos, além de relatar sua situação atual, quais são as decisões que tomam e por quem são tomadas, dentro de uma estrutura organizacional decorrente, conforme afirma Giacomelli et al. (2017). Por outro lado, "outras definições podem ser consultadas, mas, em última análise, todas orbitam em torno dos mesmos princípios" (Mazzali; Ercolin 2018, p. 50).

E, portanto, os princípios básicos norteadores da Governança e ESG podem possuir alto grau de intersecção entre eles, a linha que os separa e que os identifica, pode ser tênue. Porém, em congruência, o que deve prevalecer deve sempre implicar em uma gestão sob padrões éticos, de maneira que os critérios que são seguidos, quando uma decisão é tomada, podem ser apresentados claramente às pessoas que têm o direito de conhecê-lo, dentro do seu mais amplo espectro de *stakeholders* e *shareholders* de relacionamento, como faremos no segundo capítulo, onde identificaremos os impactos dos diferentes ambientes externos na estruturação e no funcionamento das organizações.

Acima de tudo, pode implicar uma atitude e vontade para informar, bem como a garantia de acesso, abertura e visibilidade das informações, que devem permitir práticas assertivas entre organizações e entidades internas e externas relacionadas a estes. Tais processos podem ser certificados e avaliados por entidades internas e externas e evidenciam a maneira de operar uma empresa, incluindo sua parte financeira e operacional.

Em relação ao *accountability* (ou prestação de contas), entende-se como parte desta transparência e envolve a apresentação de relatórios públicos sobre impactos, processos, estruturas de Governança e ESG, fontes de financiamento e fluxo de recursos, acima de tudo, corroborando com Silva (2016), um ato de Responsabilidade Corporativa, onde a entidade e sua respectiva diretoria avaliam, comunicam suas conquistas, fracassos e planos de melhoria, influenciando inevitavelmente a percepção de sua competitividade, inovação e produtividade.

Nesta condição, a Estrutura organizacional de uma empresa transparente, deve poder responsabilizar-se por qualquer questionamento, como veremos no segundo capítulo, seu respectivo ambiente organizacional e as consequentes fontes de incerteza. Porém, em contrapartida, somente a prestação de contas isolada pode não garantir a transparência, pois conforme afirma Rossetti e Andrade (2014), os princípios só fariam sentido quando aplicados em conjunto e ainda sim, segundo os mesmos autores "Prevalece assim a ideologia de criação de valor, cujos pressupostos se associam aos princípios da boa Governança e ESG corporativa" (Rossetti; Andrade, 2014, p. 106), e na sequência ainda salientam o objetivo unânime da geração de valor para a organização.

Ainda dentro da organização, você pode ser responsabilizado por algum assunto em questão, sem ser necessariamente transparente em outras áreas da organização. Nesta linha, a equidade refere-se à distribuição de todos os tipos de benefícios, propriedades, direitos e obrigações da mesma maneira entre todos os membros da organização e estendido o mesmo respeito a todos os atores internos e externos. Em contrapartida, se a contribuição destes *stakeholders e shareholders* for ignorada ou tratada desigualmente, perde-se o conceito, pois é recomendado evitar fontes de conflito que afetam as relações entre a organização e seus atores, de acordo com a afirmação de que:

> Os princípios da boa Governança e ESG visam diminuir os potenciais conflitos entre esses diversos órgãos". Com isso, um ótimo processo de transparência deve tornar a equidade intrínseca nas relações internas e externas da organização (Carvalhal, 2019, p. 36).

Na sequência, corroborando para a afirmação acima, relacionamos estes princípios à responsabilidade corporativa, que funciona como um meio pelo qual as atividades são construídas reciprocamente entre as corporações e a comunidade em geral, e assim contam com esses relacionamentos para promover seus crescimento e reconhecimento, em busca da sustentabilidade do negócio, gerando valor para seus acionistas e crescimento para o mercado.

1.2. Responsabilidade Corporativa

Considerado o mais abrangente dos princípios, pois quando contextualizado superficialmente pode abranger todos os demais, a Responsabilidade Corporativa, de acordo com o Instituto Brasileiro de Governança e ESG – IBGC (2015), quando aborda os princípios básicos de Governança e ESG, pode ser interpretada como a maneira de conduzir os negócios das empresas, caracterizada por levar em consideração o impacto que todas as suas atividades geram em seus respectivos *stakeholders* e *shareholders*, seus clientes, funcionários, acionistas, nas comunidades locais, no meio ambiente e na sociedade em geral.

Por outro lado, como identificado na Figura 1, dentro de uma Estrutura organizacional:

isso poderia implicar o cumprimento obrigatório da legislação nacional e internacional nos campos social, trabalhista, ambiental e de direitos humanos, bem como qualquer outra ação voluntária que a empresa queira empreender para melhorar a qualidade de vida de seus funcionários, comunidades nas quais opera e a sociedade como um todo (JONES, 2010, p. 117).

Figura 1 – Responsabilidade Corporativa

Fonte: os autores (2020)

Historicamente, desde os anos 1990, organizações internacionais e diferentes dirigentes acompanharam a sociedade em um apelo ao setor privado pela suposição de um novo modelo de Estrutura organizacional que permitisse uma solução em resposta a uma nova realidade globalizada e em mudança. Sob essa estrutura, foram estabelecidos requisitos mantidos até a atualidade na forma de cinco requisitos norteadores:

- Deve estar em *compliance* com a legislação nacional atual e, especialmente, com os padrões internacionais atuais;

- É mundial, se relaciona com todas as áreas de negócios da empresa, e com todo o espectro de abrangência da empresa;
- Envolve compromissos objetivos éticos, expansíveis a toda a rede de *shareholders* e *stakeholders*; que se tornam uma obrigação para quem os contrata;
- Inclui os campos social, ambiental e econômico e suas consequentes interferências na cadeia de partes relacionadas;
- Direcionada para atender os requisitos de *shareholders* e *stakeholders*.

A densitometria de tais requisitos, no entanto, pode ter surgido da necessidade de um possível otimismo fictício, pois a globalização prometia um futuro promissor, onde todos deveriam sair à frente, produzindo e desenvolvendo sem precedentes em escala global. Entretanto é possível que uma parte destas expectativas tivesse sido diluída, o que pode ter nos levado a alterações na configuração dos processos decisórios, na estrutura organizacional e consequentemente nas práticas de Governança e ESG, como visto a seguir.

1.3. Processo decisório e boas práticas de Governança e ESG

Como atores dentro do processo decisório, o conselho e seus membros devem liderar a empresa, aconselhar e monitorar o Presidente e o CEO, adotar decisões-chave e agir de acordo com os interesses, enquanto avaliam riscos e representam os interesses de acionistas, investidores e grupos de interesse, dentro das boas práticas de Governança e ESG. Neste aspecto, estes *shareholders* "expõem a necessidade de os agentes com participação ativa no processo decisório das empresas prestarem contas de suas atividades, arcando com as consequências de seus atos e omissões" (Giacomelli et al., 2017, p. 253).

De acordo com essa afirmação, esse conjunto de responsabilidades, juntamente com o ambiente jurídico que regula a vida dos dirigentes, tem um enorme impacto no futuro da empresa e, consequentemente, nos membros do Conselho. De acordo com a Figura 2, e dentro do princípio de ações proativas, também implica a obrigação de os administradores serem informados sobre o progresso da empresa, terem a devida dedicação e adotarem as medidas necessárias para o bom gerenciamento, controle e vigilância dos negócios, pois o processo decisório está sob seu comando.

Figura 2 – Processo Decisório

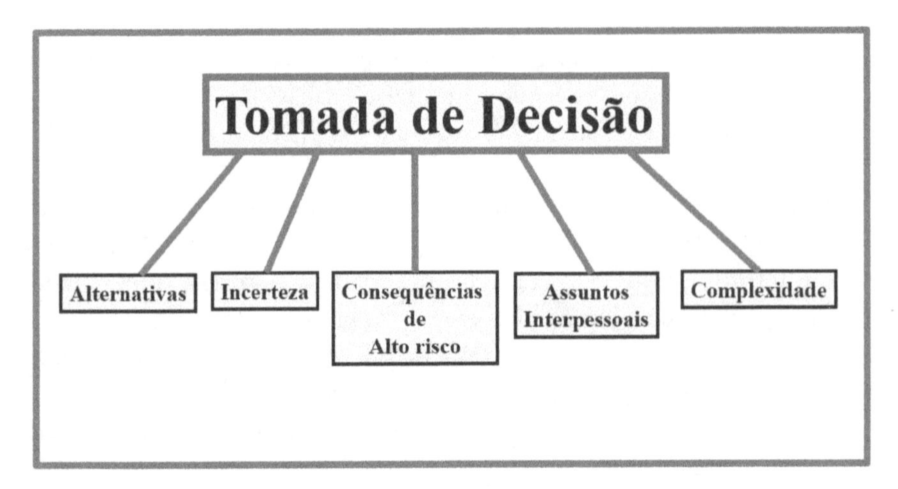

Fonte: os autores (2020)

No desempenho das funções, os administradores têm o dever de exigir e o direito de coletar da sociedade as informações adequadas e necessárias que servirão para cumprir suas obrigações. Entre os exemplos estão a lei das sociedades de capital, o código de boa Governança e ESG das companhias abertas, o código penal e a lei de auditoria, que tornaram a atividade profissional dos conselheiros mais transparente, ampliando as responsabilidades exigidas e a gama de riscos aos quais estão expostos. Por conta disso eles podem, inclusive, responder com seus ativos e enfrentar responsabilidades muito onerosas, mesmo quando a decisão tomada não foi maliciosa.

Nesse cenário e em consonância com Giacomelli et al. (2017), os executivos, mediante o arranjo de suas respectivas Estruturas organizacionais, devem buscar a coleta das informações adequadas e necessárias ao processo decisório, sendo recomendado que se planejem para os devidos procedimentos de ação que forneçam segurança e que se utilizem de protocolos que permitam registrar o passo a passo seguido na tomada destas decisões.

Figura 3 - Processos de Governança e ESG

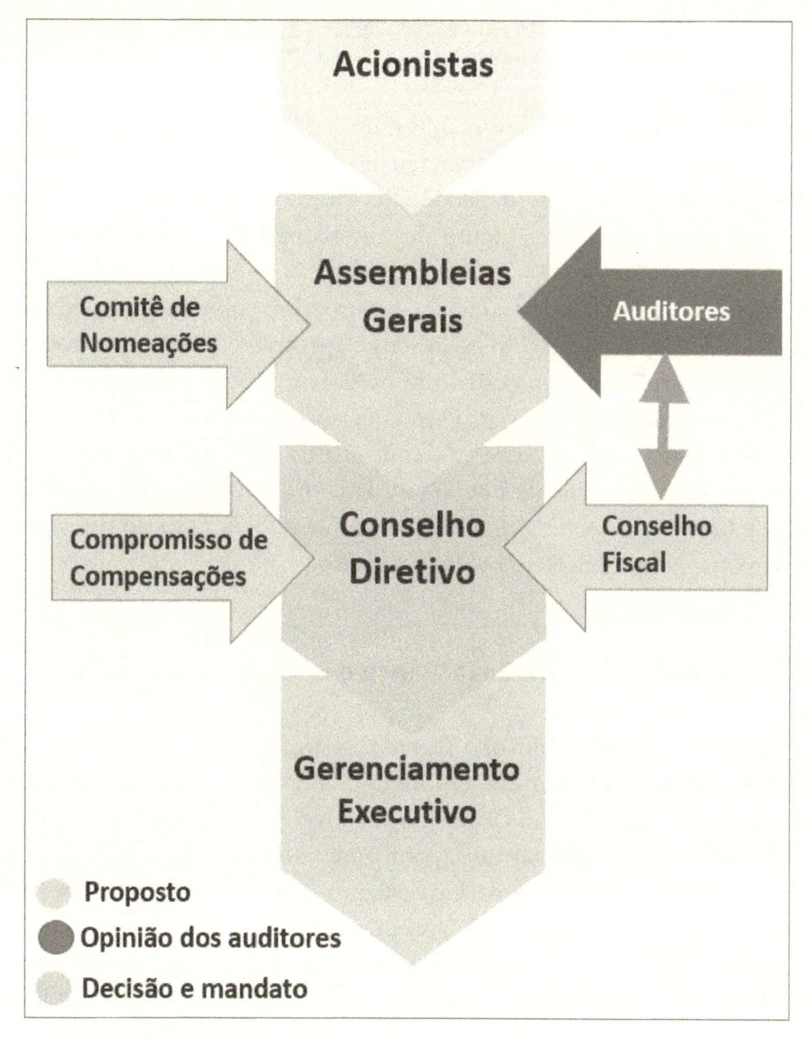

Fonte: os autores (2020)

A suposição básica que guiou este capítulo é que as interações entre os diferentes atores políticos e entre seus interesses, conforme Figura 3, a que se refere à Governança e ESG, refletem a qualidade de um regime sociopolítico que impacta a qualidade de vida da organização como um todo e dos indivíduos que a compõem. A Estrutura da Governança e ESG e os desenhos institucionais afetam não só a capacidade de direção das corporações, mas têm efeitos contingentes, pois criam oportunidades para desenvolver uma melhor Governança e ESG ou exacerbar as deficiências existentes.

Neste aspecto, quanto aos recursos, no segundo capítulo aprofundaremos a respectiva Teoria da Dependência de Recursos, dissertando sobre o Gerenciamento das interdependências simbióticas de recursos e, consequentemente, o Gerenciamento das interdependências competitivas de recursos.

Previamente a este embasamento, no próximo subitem, abordaremos a Estrutura de Governança, ESG e os seus respectivos desdobramentos, descrevendo os órgãos de uma estrutura de Governança e relacionando seus princípios às boas práticas no processo decisório da alta gestão estratégica.

A Estrutura organizacional do conceito de Governança e ESG ainda é uma prática relativamente pouco estudada. Como consequência, o conceito de Governança e ESG ganhou um papel de liderança no discurso de acadêmicos, pesquisadores e profissionais atuais.

1.4. O contexto atual da Governança e ESG – o caso brasileiro

No contexto brasileiro, no que se refere à importância atual da Governança e ESG, cabe analisar sua responsabilidade ampliada, ou seja, também quanto à promoção da reputação, seu desenvolvimento e conservação, de acordo com o *Triple Bottom Line*, conforme abordado na seção 1.2. Nela, reforçamos que a Estrutura de Governança e ESG, e os seus respectivos órgãos, devem relacionar os princípios da Governança corporativa às boas práticas no processo decisório da alta gestão estratégica, buscando o devido equilíbrio entre *people*, *planet* e *profit*, ou seja, entre pessoas, planeta e lucro, em conformidade com o que preconiza o Triple Bottom Line:

> ...uma empresa sustentável é aquela que contribui para o desenvolvimento sustentável ao gerar, de modo equilibrado, benefícios econômicos, sociais e ambientais. A expressão *triple bottom line*, atualmente bastante disseminada no ambiente empresarial e que sintetiza o equilíbrio dos resultados econômicos, sociais e ambientais, conforme podemos observar na Figura Tríplice Restrição, em analogia ao *bottom line*, a última linha ou

> linha de resultado dos demonstrativos de resultado contábeis. Deve se refletir se Lucro é uma boa medida de Desenvolvimento Econômico... (Elkington, 2012 p.116).

De acordo com a linha estratégica pontuada acima, recomendamos que, dentre estas responsabilidades, destaque-se a de prover bens e serviços essenciais à melhoria da qualidade de vida, o que pode permitir maior inclusão dos indivíduos nos circuitos de produção, consumo e cidadania, para lhes proporcionar acesso equitativo às oportunidades no espaço nacional e internacional.

O conceito de equilíbrio entre o trinômio *people, planet e profit* pode ser utilizado como uma nova abordagem para a valorização da Governança e ESG corporativa, de acordo com Mazzali e Ercolin (2018). Ao mesmo tempo, pode-se promover a reputação, a inclusão social no que diz respeito à diversidade cultural e aos interesses de todos os envolvidos no projeto, direta ou indiretamente. Pode-se, também, reduzir – ou otimizar – o uso de recursos naturais e os impactos ao meio ambiente, preservando a integridade do planeta para as gerações futuras, sem descuidar da fundamental rentabilidade econômico-financeira da empresa, em linha com Silva (2016).

Conforme abordamos neste capítulo, quanto ao atual contexto da Governança corporativa no Brasil, recomendamos utilizar a produção de conhecimento científico como ferramenta para ajudar a difundir a ideia de que fazer "o certo" vale a pena, corroborando com Rossetti e Andrade (2014) quando afirmam a direção na busca de novas propostas inovadoras voltadas para o desenvolvimento de países e pessoas. Um exemplo disso seriam empresas mais humanas, justas e saudáveis, legitimando a preservação da respectiva imagem corporativa, inclusive como ativo a ser valorizado.

Perante um ambiente financeiro em expansão no atual mercado brasileiro, reconhecemos que, cada vez mais, dentre os aspectos estratégicos da gestão de risco, desempenho e implementação de processos, os sistemas de Governança e ESG podem ajudar as organizações a determinar seus pontos fortes, fracos e pontuar onde podem precisar de melhorias ou mitigar riscos de reputação, dentre outras coisas, e até fortalecer suas práticas de gestão. Lembramos ainda que, nesta abordagem, aliada às melhores práticas de Governança corporativa e *compliance*, podem também criar valor para a empresa e oferecer mais possibilidades de continuidade dos negócios no longo prazo, ao mesmo tempo em que contribuem para o desenvolvimento sustentável de toda a sociedade.

Assim, o que acelera ainda mais a motivação para a aplicabilidade prática deste livro, inserido no cenário atual da Governança e ESG no Brasil, é que, ao contrário do que acontecia no passado, quando o desenvolvimento do tema em longo prazo se confundia praticamente com puro *compliance*, hoje o mesmo tema designa um conjunto de variáveis, novas e interdependentes, que transcendem a economia em seu sentido mais restrito e exigem uma preocupação extra com a imagem empresarial, com efeito na reputação corporativa, em linha com o pensamento de Carvalhal (2019).

No contexto atual da Governança corporativa brasileira, na maioria dos casos as mudanças significativas nas organizações foram reformuladas para apoiar uma maior transparência das empresas, dentro de um contexto mundial, com foco nas leis anticorrupção. Neste cenário ágil e adaptativo, diferentes componentes de Governança e ESG são necessários e precisam ser compreendidos e incluídos por todos na cultura das organizações, respeitando as particularidades de cada empresa, sempre customizando quanto aos aspectos de comunicação, liderança e transparência, para garantir que a cultura passe por mudanças profundas e positivas, buscando as melhores práticas.

Neste aspecto, dentro das medidas de Governança e ESG recomendadas, devemos antecipar os riscos para que se aumente a chance não apenas de evitá-los, mas de mitigá-los, inclusive para se preparar para possíveis respostas a situações de crise. Nessa linha estratégica de sustentabilidade corporativa, de acordo com Jones (2010), com estas preocupações de Governança corporativa, o mercado pode reagir positivamente a este tipo de investimento. Um exemplo seria o nítido aumento de empresas listadas com as melhores práticas de Governança e ESG. De acordo com o índice IGC (Índice de Governança Corporativa) obtido nos últimos dez anos, a evolução é significativamente melhor do que aquela registrada nas demais empresas no Ibovespa (Índice da Bolsa de Valores de São Paulo), que é o principal indicador de desempenho médio das ações listadas.

Dentro deste contexto atual de Governança e ESG, este resultado reflete a disposição dos investidores por priorizar e investir mais fortemente em empresas que demonstram na prática, ações de Governança e ESG reconhecidas, conforme especificado na Figura 4, onde mostramos o mapeamento do modelo de estrutura de Governança e ESG, seus respectivos grupos de interesse e os doze principais desafios. Quanto ao retorno deste investimento, em contrapartida, tende a ser cada vez maior. Diante desta abordagem estratégica, as partes interessadas – empresa, investidores, mercado e sociedade – só tendem a receber benefícios com a aplicação de mecanismos aprimorados de Governança corporativa na organização, conforme demonstrado na Figura 4.

Figura 4 – Mapeamento: Modelo de Estrutura de Governança e ESG e Seus Respectivos Grupos de Interesse

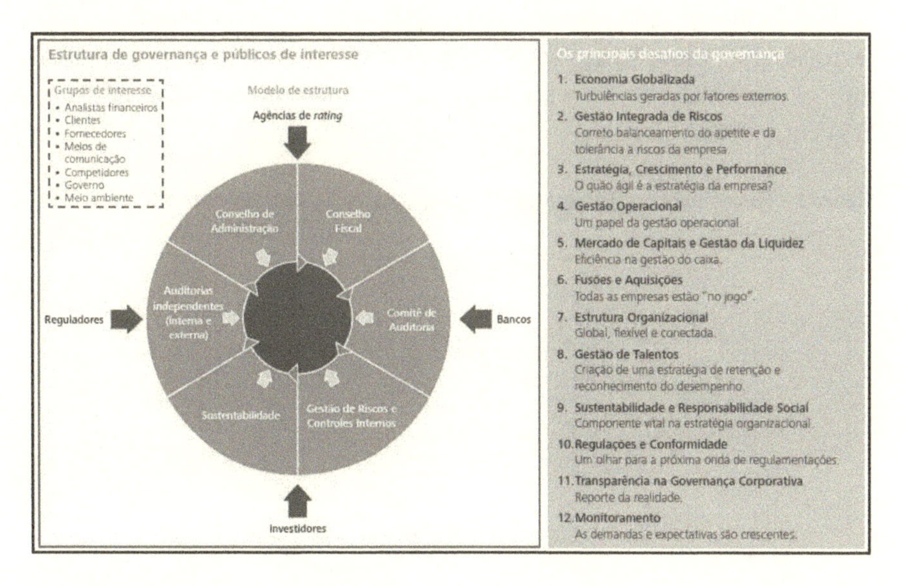

Fonte: DTT – Deloitte Touche Tomatsu (2019)

Corroborando para o contexto atual da Governança corporativa no caso brasileiro, detalhamos a análise dos oito principais aspectos do mapeamento deste contexto, conforme pesquisa DTT – Deloitte Touche Tomatsu (2019), que são precedidos por estas cinco características do cenário atual:

- Quando for projetar o seu negócio, seja ele qual for, pense em todos os fatores;

- A qualquer tempo: o tempo como fator de competitividade; a compressão do tempo; a Velocidade nos processos e no atendimento aos Clientes;
- Em qualquer lugar: espaço não é mais fator de limitação – a tecnologia quebrando as fronteiras das organizações e conectando tudo a todos; a conectividade;
- A desmaterialização dos produtos, ou o crescimento dos serviços agregados a produtos; a intangibilidade;
- A customização de massa: produtos/serviços feitos de acordo com a necessidade individual de cada consumidor, o centro do tripé velocidade – conectividade – intangibilidade.

Conforme iniciado pela Figura 5, reforçando a característica deste contexto atual da Governança e ESG corporativa no caso brasileiro, detalhamos a análise dos oito principais aspectos do mapeamento deste contexto. Seguem os oito aspectos:

Figura 5 – Mapeamento: O Estágio das Diretrizes Estratégias das Organizações

O estágio das diretrizes estratégicas das organizações (em %)

	Existe em minha organização	Pretendo adotar nos próximos dois anos	Não pretendo adotar
Missão, visão e valores	89	11	
Código de ética e conduta	72	28	
Diretrizes para a destinação de resultados e dividendos	72	24	4
Políticas corporativas documentadas	67	33	
Manual de políticas contábeis	63	37	
Política anticorrupção / antifraude	57	43	
Canal de denúncias	51	38	11
Diretrizes para a aplicação de ações disciplinares	48	43	9

Fonte: DTT – Deloitte Touche Tomatsu (2019)

1. Com tudo isto, quanto ao primeiro aspecto, nenhuma organização de nenhum setor da economia pode deixar de olhar para o ambiente externo. Ao mesmo tempo, deve analisar as Forças de Mudança, as Ameaças e Oportunidades presentes, pois estas, se bem trabalhadas, certamente significam a sua adequação ao mercado, e isto é fator de sobrevivência.
2. No segundo aspecto, referente à estrutura e organização, conforme demonstrado na Figura 6, dentre os principais desafios a serem resolvidos, ainda existe espaço para desenvolver o necessário conselho de administração e, para tanto, dedicar mais atenção ao desempenho do conselho fiscal e dos consequentes comitês. De um modo geral, segundo a pesquisa apresenta, as empresas até tomam medidas quanto aos treinamentos de grandes conselhos, de comitês, mas o papel basilar dessas instituições ainda é pequeno, de acordo com IBGC (2015). Nelas, o comitê de auditoria estatutário é usado por algumas empresas, porém, por causa de seu alto custo, muitas vezes é substituído pelo já sobrecarregado comitê de finanças. Uma lacuna que oferece grandes oportunidades para melhorar é desenvolver um comitê de crise, necessário em vários departamentos.

Figura 6 - Estruturação e Organização das Devidas Instâncias de Governança e ESG

Como as instâncias de governança estão estruturadas e organizadas (em %)

	Existe em minha organização	Pretendo adotar nos próximos dois anos	Não pretendo adotar
Conselho de Administração	64	30	6
Política de contratação de familiares	58	21	21
Acordo de acionistas	56	18	26
Comitê de Pessoas / Remuneração	53	33	14
Comitê de Ética / Conflitos de interesses	49	28	23
Comitê de Riscos / Compliance	46	43	11
Função de relação com investidores	40	18	42
Conselho Fiscal	35	28	37
Conselho Consultivo	33	30	37
Comitê de Auditoria estatutário	30	23	47
Comitê de Auditoria não estatutário	21	24	55
Comitê de Crises	24	39	37

Fonte: DTT - Deloitte Touche Tomatsu (2019)

3. Quanto ao impacto da Governança e ESG nos planos de negócios, no tocante ao planejamento, a implementação e a eficácia de suas medidas nas corporações, percebe-se na Figura 7 que, enquanto a grande parte das empresas declara existirem políticas de tomadas de decisões e delegação de autoridade, estratégias de responsabilidade social corporativa e sustentabilidade, processos formais e periódicos para o desenvolvimento e acompanhamento da estratégia de negócio e da política de investimentos, metade dos participantes apontou não ter um plano investimento de longo prazo. Ainda menos da metade alegava utilizar ferramentas de *Balanced Scorecard*. Ou seja,

observamos neste aspecto oportunidades para melhorar a eficiência das práticas de Governança e ESG e seus impactos nos planos de negócios.

Figura 7 - O Impacto da Governança e ESG nos Planos de Negócios

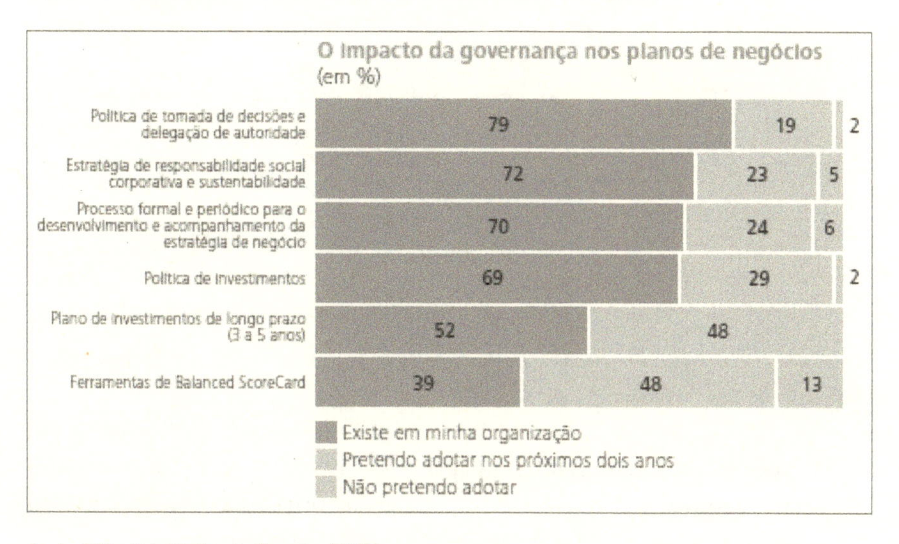

Fonte: DTT - Deloitte Touche Tomatsu (2019)

4. Quanto a aderência a sistemas e processos de controles, ressalta-se que o sistema de recursos relacionados à tecnologia da informação, e a gestão de processos, ainda é raramente usada nas organizações, principalmente por gerarem altos custos de prevenção. Isto pode significar que não há percepção que seu retorno é obtido diretamente, mas indiretamente, por conta da segurança e eficiência. Tais processos são essenciais para minimizar os riscos enfrentados pela empresa, e há interesse organizacional em sua adoção. Atualmente, o sistema de controle interno ocorre devido ao ambiente regulatório atual e as mudanças esperadas para seu futuro.

Figura 8 - A Aderência a Sistemas e Processos de Controle

A aderência a sistemas e processos de controles (em %)

	Existe em minha organização	Pretendo adotar nos próximos dois anos	Não pretendo adotar
Plano de continuidade dos negócios	67	33	
Sistemas de controles internos – processos, riscos e controles mapeados	57	43	
Política de segurança e integridade da informação	55	43	2
Cadeia de valor e mapa de processos documentados	49	49	2
Plano diretor de tecnologia da informação	43	55	2
Governança da tecnologia da informação	37	60	3

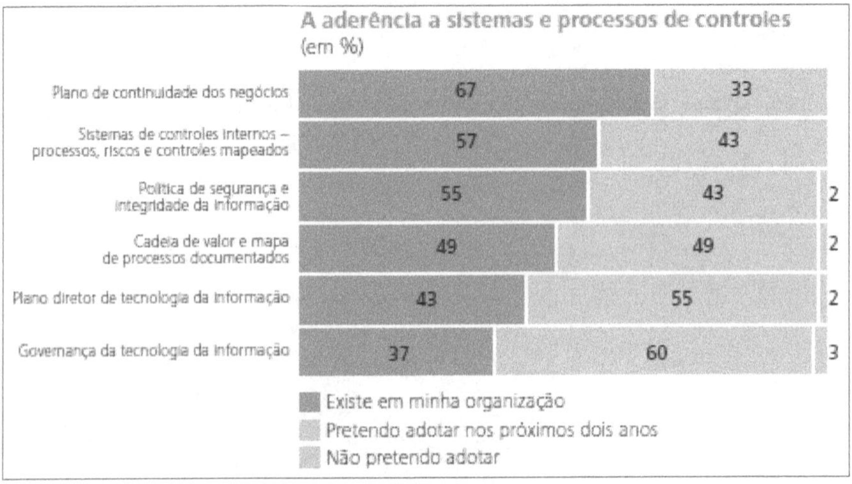

Fonte: DTT - Deloitte Touche Tomatsu (2019)

5. Após contextualizarmos, no primeiro item, os aspectos referentes ao estágio das diretrizes estratégicas das organizações, no segundo item, a estruturação e organização das devidas instâncias de Governança e ESG, no terceiro item, o impacto da Governança e ESG nos planos de negócios e no quarto item, aderência a sistemas e processos de controles, na sequência, abordamos os aspectos da adoção de medidas para a gestão de riscos corporativos, que se destaca como principal desafio nas empresas. Nesse aspecto, a maioria das organizações declaram, conforme se percebe na Figura 9 – e de acordo com Silva (2016) –, não serem estruturadas quanto às referidas práticas de identificação, mitigação e prevenção de riscos. Porém, reconhecem que a intenção de adotá-las nos próximos anos é alta. Com isto, mostram compreender e se preocupar com a importância da gestão de riscos para seus negócios, e a necessidade de incorporar modelos no processo de tomada de decisão.

Figura 9 – Os aspectos da adoção de medidas de gestão de riscos corporativos

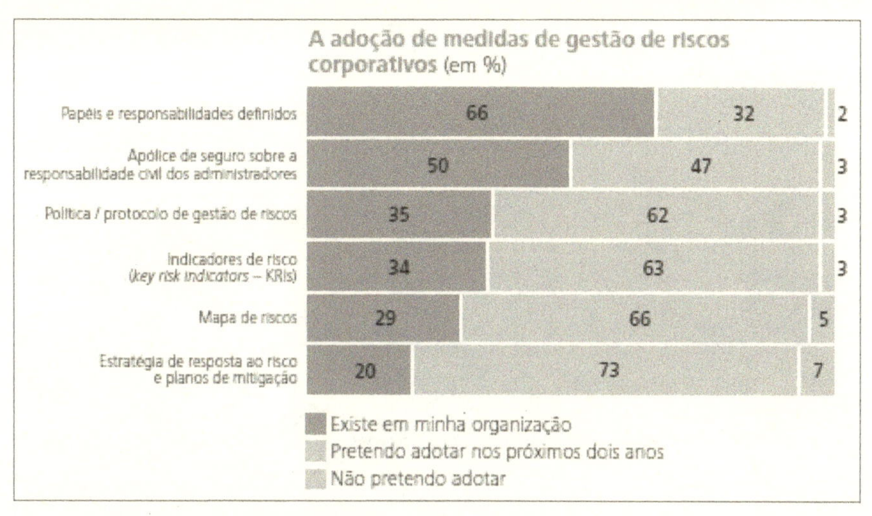

Fonte: DTT – Deloitte Touche Tomatsu (2019)

6. Já na Figura 10, quanto aos caminhos para a disseminação das informações – que incorporam as questões de comunicação e informação –, o trabalho apontou que a devida comunicação e informação estão mais desenvolvidas com o público interno, considerado mais maduro do que o externo. Nesse aspecto, há um "gap" quanto à conexão geral com investidores e o mercado, o que pode ser melhorado utilizando-se estratégias tais como a diversidade dos canais atuais de comunicação acessível. Por outro lado, as empresas prestam atenção às novas mídias e reconhecem a importância das redes sociais como ferramentas na base da gestão da reputação corporativa. Podem, portanto, serem incentivadas a gerarem relatórios de desenvolvimento sustentável e demais ferramentas de comunicação com o mundo exterior, como o próprio site da empresa, dirigido aos acionistas e investidores, de acordo com a Figura 10.

Figura 10 - Caminhos Para a Disseminação das Informações

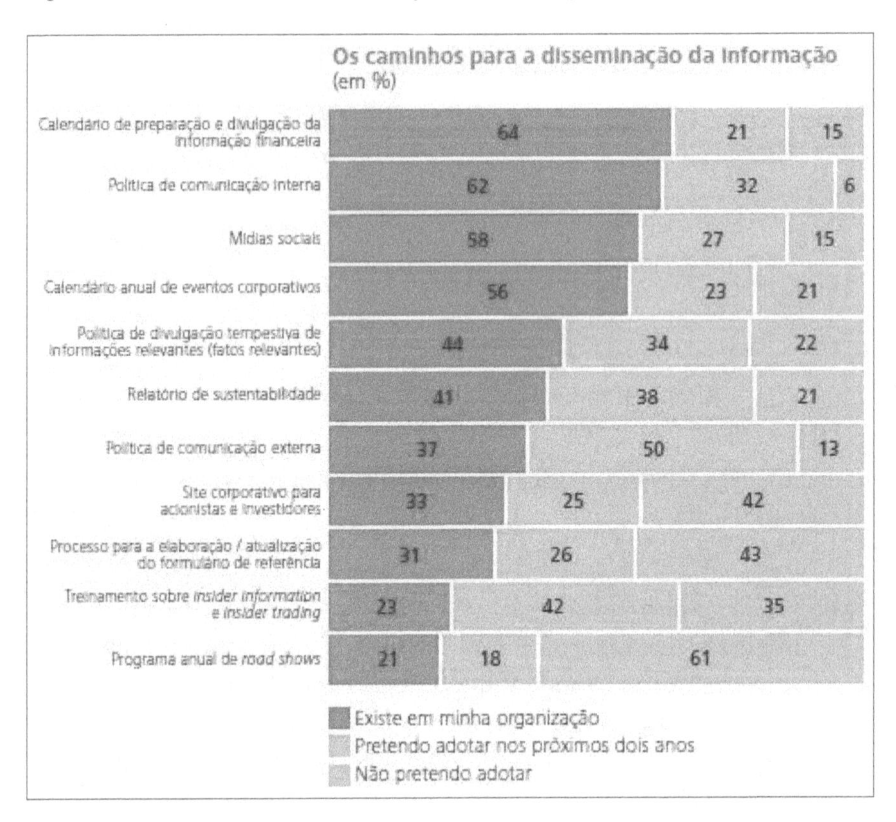

Fonte: DTT - Deloitte Touche Tomatsu (2019)

7. Na sequência, quanto à adoção de mecanismos de supervisão e controle, destacam estarem evoluídos os processos de controladoria, auditoria externa, as funções de controle e auditoria interna e as políticas de transações com as partes interessadas. Respondendo à lei anticorrupção, recentemente aprovada na economia brasileira, conforme se percebe na Figura 11, a maioria das empresas pretende adotar funções específicas e procedimentos estruturados de conformidade a curto e médio prazo. Atualmente, porém, reconhecem que precisam desenvolver processos e funções de *compliance*.

Figura 11 – Adoção de Mecanismos de Supervisão e Controle

A adoção de mecanismos de supervisão e controle
(em %)

	Existe em minha organização	Pretendo adotar nos próximos dois anos	Não pretendo adotar
Controladoria	91	7	2
Auditoria independente	84	11	5
Sistema de controles internos sobre a informação financeira	75	23	2
Função de controles internos	72	26	2
Função de auditoria interna	62	30	8
Política de transações com partes relacionadas	61	25	14
Função de compliance	40	49	11
Programa de compliance	30	62	8

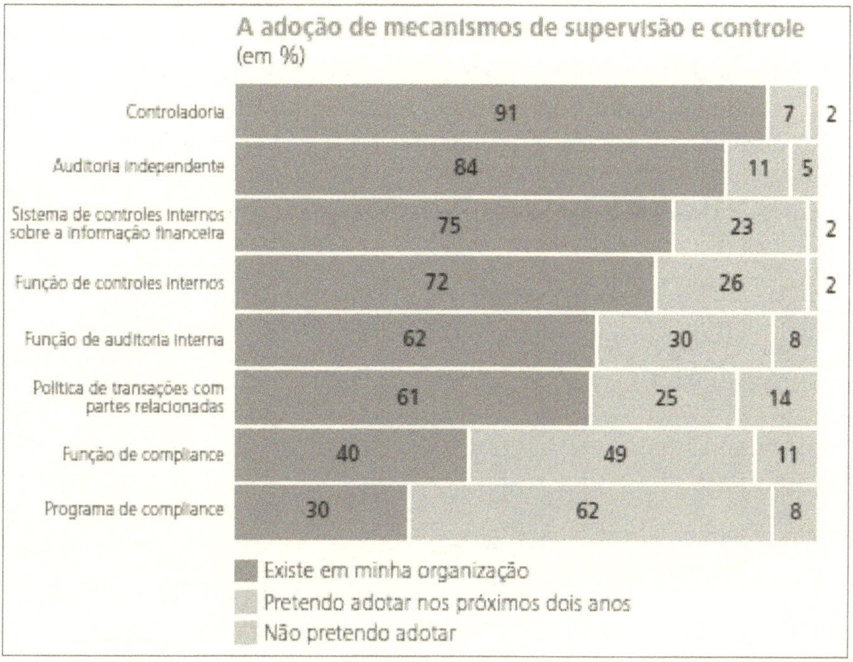

Fonte: DTT – Deloitte Touche Tomatsu (2019)

8. Finalizando a análise dos oito principais aspectos do mapeamento deste contexto, conforme pesquisa da DTT – Deloitte Touche Tomatsu (2019), quanto à gestão de desempenho, as empresas participantes da pesquisa reconheceram existir acordos de metas para o desempenho dos principais diretores e demais executivos, conforme se percebe na Figura 12.. Contudo, acreditamos ser difícil avaliar essas metas e o correto impacto de seu desempenho no negócio. O próprio legado ou herança se mostra um problema, visto que apenas ¼ das empresas analisadas admite ter planos de sucessão dos executivos principais, bem como planos de desenvolvimento contínuo para os conselheiros executivos. Para aumentar ainda mais este campo para desenvolvimento da gestão de desempenho, de acordo com Rossetti e Andrade (2014) apenas pouco mais de dessas empresas admite ter modelos de competências para executivos ou

até ferramentas de avaliação dos conselheiros e altos executivos. O lado promissor é que mais da metade das organizações manifestou pretender adotar tais políticas, hoje deficitárias, nos próximos dois anos, pois reconhecem que estes indicadores refletem no foco na manutenção dos valores da empresa e do modelo de negócios, fortalecendo sua reputação corporativa e sua visão para o futuro.

Figura 12 - Os Meios de Definição e Gestão do Desempenho

Os meios de definição e gestão do desempenho (em %)

	Existe em minha organização	Pretendo adotar nos próximos dois anos	Não pretendo adotar
Acordos de metas para os executivos	76	24	
Política de nomeação e remuneração dos conselheiros e/ou executivos	53	36	11
Modelo de competências dos executivos	44	44	12
Ferramentas de avaliação dos conselheiros e/ou altos executivos	38	56	6
Planos de desenvolvimento contínuo para os conselheiros e executivos	35	55	10
Planos de sucessão	24	61	15

Fonte: DTT - Deloitte Touche Tomatsu (2019)

Conforme apresentado neste capítulo, a Governança e ESG precisam lidar com a pressão dos investidores locais e internacionais, e fortalecer a estrutura de negócios e relacionamentos, com transparência, com as partes interessadas e a empresa.

Esta dedicação e esforço requerem grande comprometimento da organização, representada por seus executivos, investidores e pelos membros do conselho, bem como os respectivos responsáveis pela implementação da estratégia.

O desenvolvimento da Governança e ESG tornou-se um benefício para a empresa, em conformidade com IBGC (2015). Este instituto confirmou que, independentemente do seu estágio de maturidade, a Governança corporativa é um caminho estratégico sem volta e leva a recompensas, desenvolvimento e melhoria contínua. Além disso, implementar boas práticas de Governança e ESG corporativa se destaca e se torna um pilar de segurança e valor para os acionistas e demais *stakeholders*.

Combinar as boas práticas e recomendações de Governança e ESG com a cultura corporativa e a motivação, sem ignorar a gestão estratégica, sem dúvida é um dos principais desafios atualmente enfrentados pelas organizações. Bom governo na empresa significa também o desenvolvimento de um sistema que esclareça, ordene e facilite relacionamentos, de forma eficiente e eficaz, principalmente na relação entre acionistas, conselho de administração e gestão.

A maneira mais eficaz de avaliar o modelo de Governança corporativa é quanto ao seu potencial de aumentar o valor para o acionista e a lucratividade no longo prazo, em linha com Jones (2010). Também não se pode esquecer de aspectos como a construção de um relacionamento forte e saudável entre a organização e seus respectivos *stakeholders*, tais como funcionários, clientes, fornecedores, comunidades e meio ambiente, dentro do já abordado *triple bottom line*.

Quanto à estrutura de Governança corporativa, recomendamos que a primeira etapa para uma implementação bem-sucedida seja diagnosticar o modelo atual, pois ele guiará o caminho e o desafio, além de ajudar a entender os cenários e a evolução da Governança corporativa, o suporte, o processo de pensamento estratégico da empresa e a estruturação e revisão das devidas práticas de Governança e ESG.

Para um segundo passo, sugerimos que se faça um plano customizado, capaz de atender às particularidades de cada organização e de seus respectivos Conselhos de Administração, Comitês de Gestão, dentre outros. As recomendações da empresa e a alta administração devem ser consistentes quanto aos principais aspectos da Governança e ESG, incluindo-se a gestão de risco, o desenvolvimento sustentável, a tomada de decisão e descentralização da gestão.

1.5. A estrutura de Governança e ESG, e os seus órgãos

O estudo das estruturas de Governança e ESG, e de sua respectiva Estrutura organizacional, pode interessar a pesquisadores diversos. Sabemos, desde que a empresa se estabelece como o principal veículo legal para um grupo de indivíduos com interesses comuns – que devem organizar e coordenar as atividades de várias outras pessoas, normalmente engajadas para fins lucrativos –, que os órgãos de uma estrutura de Governança e ESG precisam ser identificados, adequados e alinhados, conforme descrevem:

> Trataremos, a seguir, desses comportamentos e de alguns vieses influenciadores das decisões no ambiente corporativo, pois estamos seguros de que nada adianta instalarmos uma Estrutura de Governança e ESG, adotarmos princípios e boas práticas se os agentes, ou seja, as pessoas que compõem o sistema, não apresentarem comportamentos adequados e alinhados (MAZZALI E ERCOLIN, 2018, p. 56).

Neste subcapítulo descrevemos os órgãos de uma estrutura de Governança e ESG, bem como relacionaremos seus princípios às boas práticas no processo decisório da alta gestão estratégica. Neste sentido, a estrutura organizacional das empresas pode estar no centro das questões mais importantes de uma sociedade moderna, pois através dessas estruturas decidem quem tem o direito de utilizar o fluxo de caixa da empresa, quem tem voz a respeito de sua direção estratégica e da alocação de recursos para conseguir tal feito – o que afeta não apenas a eficiência da empresa, mas muitas e diversas dimensões da sociedade, conforme corrobora a Figura 13, em que tomamos como exemplo a estruturação das diretrizes de Governança e ESG recomendadas pela EY (Ernest Young). Nelas, destaca-se a possível geração de valor entre os prismas dos referentes riscos e *performance*. Neste exemplo, ressalta-se que alguns componentes são a base de um modelo de Governança e ESG eficaz e recomenda-se que as diretrizes de Governança e ESG se relacionem e sejam consistentes com as partes interessadas. Recomenda-se, também, mudanças ágeis, que determinam a estrutura da agência de Governança e ESG adequadas aos objetivos da empresa. Quanto ao risco integrado e as funções operacionais, aconselha-se um viés de cultura unificada e indicadores chave de desempenho (KPI) compartilhados com um modelo de trabalho fluido, que permita a respectiva operacionalidade. Ainda assim, ressalta-se o foco na criação de valor, com o modo de comunicação sendo ativo e objetivo.

Figura 13 - Dimensões da Governança e ESG

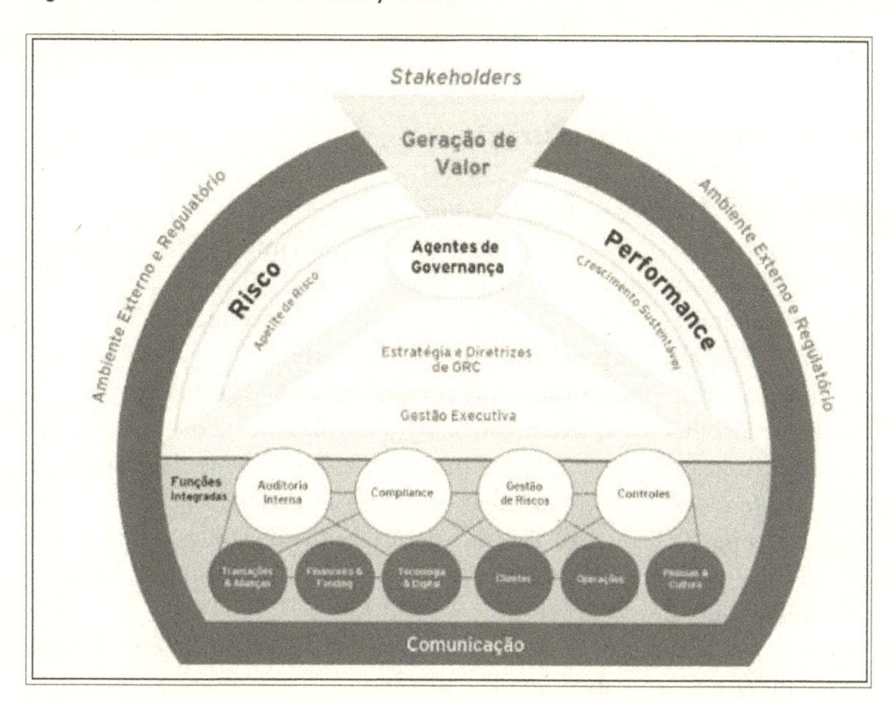

Fonte: EY Governança Corporativa. Disponível em: https://www.ey.com/pt_br/ey-governanca-corporativa. Acesso em 22 jun. 2022.

Atualmente, e em grande parte como consequência da perda de credibilidade das explicações tradicionais sobre a origem e natureza das diferenças entre os sistemas econômicos, começou a ser difundido que a maioria das economias de nações modernas, se não todas, sofrem pressões econômicas de mercado. Dependendo de sua estrutura de resistência, essas economias sucumbem mais ou menos, como corrobora Silva (2016), quando alerta para que consideremos o conjunto de estratégias e diretrizes empresariais centrais quando do redesenho organizacional.

As diferentes maneiras pelas quais governos corporativos particulares se desenvolvem historicamente, em relação e em complexa interação com as várias dimensões do sistema social em que estão inseridos, assim como suas decorrentes Estruturas organizacionais, são algo que somente nos últimos anos começou a ser considerado sistematicamente. Assim, em continuidade, serão descritos os principais órgãos de uma estrutura de Governança e ESG, dentro da Estrutura organizacional correspondente.

1.6. Conselho de administração

Dentro desta Estrutura organizacional atual, a função do Conselho de Administração a este respeito é contribuir para definir a visão estratégica, tanto no ambiente financeiro quanto no socioeconômico, incluindo indicadores e métricas tais como índice de satisfação do cliente, desempenho de contas e monitoramento rigoroso do plano anual de negócios, verificação periódica da motivação, comprometimento da equipe e garantia de inteligência competitiva. Nesta linha, Silva (2016) salienta que o Conselho de administração é considerado o principal dispositivo de Governança e ESG. Deste modo, deve representar os interesses de longo prazo da organização, tomar as principais decisões de negócio, tais como as de investimento e captação de recursos, além de selecionar, monitorar e avaliar o desempenho dos administradores.

Com esta afirmação da importância prioritária, sabemos, é uma Responsabilidade Corporativa compartilhada entre o Conselho de Administração e a Administração garantirem que os recursos da empresa contribuam de maneira ideal para o desempenho, e que são efetivamente combinados para criar valor.

Algumas Responsabilidades típicas do Conselho são:

- Gestão estratégica;
- Gerenciamento de desempenho e monitoramento de resultados;
- Gerenciamento de riscos;
- Gerenciamento de suporte e desempenho da Gerência Geral;
- Relações com o meio ambiente;
- Respeito pelos requisitos regulatórios;
- Auditoria externa;
- Auditoria interna e controles internos.

O Conselho também deve poder realizar, entre outras coisas, *briefings* a portas fechadas com os auditores externos e com o auditor interno, solicitar opiniões de especialistas internos ou externos sobre questões específicas relacionadas aos desafios de organização. Por conta disso, é o local indicado para reivindicar os direitos dos acionistas, de preferência dentro da Assembleia Geral Ordinária.

De acordo com Rossetti e Andrade (2014) mesmo que o Conselho de Administração e a Assembleia Geral Ordinária sejam dois órgãos separados, recomenda-se que a divisão de responsabilidades entre os dois órgãos seja clara e precisa, evitando confundir suas agendas, ainda que o correspondente modelo de articulação entre os órgãos leve a posicionar a decorrente estrutura de poder. Outro órgão imprescindível dentro desta Estrutura organizacional é o Conselho Fiscal, abordado na sequência.

1.7. Conselho Fiscal

O Conselho Fiscal como instituição, também reconhecido como órgão oficial revisor de contas, tem capacidade técnica e partidária para, permanentemente, deter o mandato de avaliar políticas fiscais, planos e desempenho. Também tem a atribuição de contrastar políticas e planos com objetivos macroeconômicos, relacionados com a sustentabilidade das finanças públicas no curto, médio e longo prazo.

De acordo com Carvalhal (2019), as características do Conselho Fiscal variam de acordo com o contexto específico de cada local, com as capacidades humanas e financeiras, com os sistemas políticos e com as causas que promovem a dívida pública e os déficits excessivos, entre outros, bem como com sua respectiva Estrutura organizacional. Porém prevalece o fato de fiscalizar o exato cumprimento da vontade social.

Ainda assim, de acordo com o Código das melhores práticas de Governança e ESG, o Conselho Fiscal:

> É parte integrante do sistema de Governança das organizações brasileiras. Pode ser permanente ou não, conforme dispuser o estatuto. Representa um mecanismo de fiscalização independente dos administradores para reporte aos sócios, instalado por decisão da assembleia geral, cujo objetivo é preservar o valor da organização. Os conselheiros fiscais possuem poder de atuação individual, apesar do caráter colegiado do órgão (IBGC, 2015, p. 82).

Em decorrência do afirmado acima, o tipo de resultado que um Conselho Fiscal produz dependerá de suas funções e poderes, e podem ser exemplificados como:

- Entrevistas coletivas;
- Relatórios mensais, trimestrais e anuais em determinados documentos do ciclo de orçamento;
- Pareceres sobre questões de finanças públicas;
- Pesquisa sobre a conduta e a saúde da política fiscal (desempenho da política trabalhista, ou da extensão dos gastos fiscais, entre outros);
- Relatórios sobre o cumprimento das regras tributárias.

Figura 14 - Boas práticas no processo decisório da alta gestão estratégica

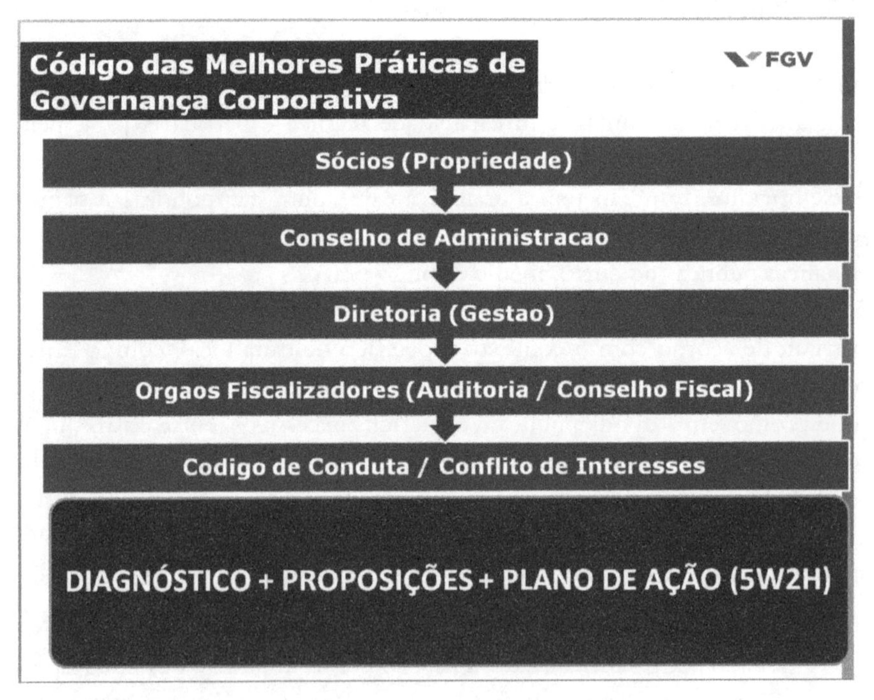

Fonte: os autores (2020)

Como ilustrado na Figura 14, a função essencial do órgão revisor oficial de contas é garantir que a contabilidade da organização seja mantida regularmente e certificar, com sua assinatura, que as informações estão em conformidade com a lei, de modo que reflitam fielmente a situação financeira da empresa.

Por esse motivo o revisor oficial de contas não deve ter dependência de qualquer tipo, que possa comprometer sua independência com a entidade, porque, estritamente falando, sua independência deve estar além da dúvida. Além disso, conforme afirma Giacomelli et al. (2017), podem ainda existir comitês complementares para colaborar e cobrir possíveis espaços para o sucesso do sistema de Governança e ESG e corroborar para a respectiva independência.

Para alcançar essa independência, a empresa deve estabelecer o processo de seleção do revisor oficial de contas, construído em critérios objetivos e alheios a influências ou pressões de qualquer tipo. Isso garante que o candidato terá um perfil adequado para exercer a posição. Essa escolha deve ser, por sua vez, uma das mais importantes a serem tomadas pelo órgão competente.

Esse processo de seleção deverá ter uma série de regras que evitam irregularidades na nomeação. Por exemplo, deve fornecer mecanismos para a não interferência de grupos específicos de acionistas que, por qualquer motivo, possam obscurecer a independência do candidato. Isso impedirá, no exercício de suas funções, que o auditor fiscal escolhido partidariamente possa favorecer os interesses de poucos, sacrificando a confiabilidade, utilidade e oportunidade das informações financeiras da empresa, das quais deverá dar fé pública. Neste contexto, destacam-se os comitês de suporte à decisão, abordados em seguida.

1.8. Comitês de suporte à decisão

Ainda dentro desta Estrutura organizacional, e de acordo com as recomendações que possam vir a fazer – bem como no nível de análise a que aderirem em grande parte –, a agenda destes comitês de suporte à decisão deve ser composta de tópicos previamente revisados por seus colegiados, que podem ser chamados de comitês ou órgãos de apoio.

Estes órgãos de apoio ao conselho fazem parte fundamental da Estrutura organizacional, e em consonância com Hall (2014), se interrelacionam internamente com os *shareholders*. Porém, podem ser limitados por atitudes individuais de membros com relativa autonomia funcional.

Assim, ressalta-se que a recorrência das sessões do comitê se tornaria fundamental, tendo um envolvimento maior na operação da empresa e dentro da respectiva Estrutura organizacional, visto seu essencial papel nas mais variadas análises de risco e determinação de modelos de conformidade – além de denotarem as regras e regulamentos para evitar que a empresa esteja exposta. Além disso, devem dar suporte à assembleia de acionistas, conselho e outros órgãos, para que possam realizar os acordos oportunamente com a consequente importância necessária. Dentro desta estrutura organizacional, destacam-se em seguida, os Conselhos consultivos e de família.

1.9. Conselho consultivo e/ou conselho de família

Dentro desta Estrutura organizacional atual, o Conselho consultivo e/ou de família pode ser considerado o mais alto órgão de Governança e ESG em estruturas familiares. Recomenda-se que, dentro dele, seja possível analisar o papel que a família desempenha em relação à empresa.

Além disso, todas as questões que têm relações com a família, seja em sua própria dinâmica, na administração da empresa ou em sua propriedade, são objetos de análise no Conselho de família. Nele, a família toma decisões sobre as questões que possam afetar o seu relacionamento com a empresa, afetando o decorrente desempenho, conforme salienta Giacomelli et al. (2017), quando afirma que a participação do conselho de família na formulação de estratégias tem suscitado o interesse de muitos pesquisadores de administração de empresas, pois ela se apresenta como um diferencial competitivo e um fator de melhoria de desempenho nas empresas que sabem utilizá-la adequadamente. Ela também está cada vez mais ligada à estrutura de Governança e ESG, principalmente porque defendem os interesses dos acionistas.

Complementarmente ao afirmado, o Conselho de família pode ser considerado como um fórum no qual os membros da família de negócios se reúnem para debater, avaliar, chegar a um consenso e transferir suas provisões para a empresa. Portanto, pode ser o local ideal para conhecerem os direitos e responsabilidades relacionados à propriedade e à administração da empresa, tendo como missão garantir a família e a unidade acionária, a visão compartilhada, a transmissão de valores familiares, a formação da família empresarial e o cumprimento do Protocolo da Família. Algumas possíveis recomendações para o Conselho de Família são:

- Estabelecer o limite entre a família e a empresa;
- Dar a cada membro a oportunidade de ser ouvido;
- Profissionalizar a tomada de decisões, evitando reuniões informais;
- Promover o protocolo da família e garantir que ele seja aplicado e atualizado;
- Definir a posição da família em termos dos níveis de risco e, consequentemente, a dívida que ela está disposta a assumir;
- Explicar e transmitir às novas gerações os valores e a visão da família;
- Profissionalizar a contribuição da família para a empresa;
- Ajudar na resolução de conflitos.

Ressaltamos ainda que o Conselho de Administração não deva ser confundido com o Conselho de família, pois deve ser composto por representantes de todos os ramos e gerações da família, independentemente de trabalharem ou não na empresa, como afirma o Instituto Brasileiro de Governança e ESG em seu fundamento:

> Órgão responsável por manter assuntos de ordem familiar separados dos assuntos da organização a fim de evitar a interferência indevida sobre a organização por assuntos de interesse exclusivo da família. Os objetivos do conselho de família não se confundem com os do conselho de administração, que são voltados unicamente para a organização (IBGC, 2015, p. 36).

Porém, a realidade é que muitas das empresas familiares que desaparecem não o fazem tanto por problemas de negócios, mas por problemas de família, razão pela qual a criação de um conselho responsável por resolver problemas e estabelecer diretrizes para as relações empresa-família são de grande importância.

Figura 15 - O *Tripple Bottom Line*

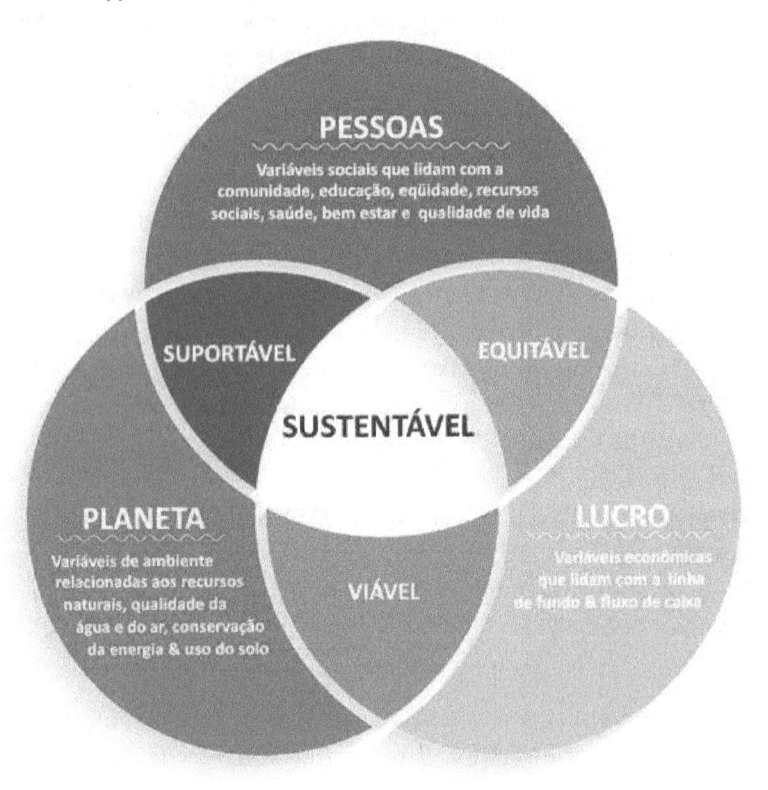

Fonte: os autores (2020) adaptado de Elkington (2012) e Gustavo Góis (2022)

Conforme vimos, corroborado pela Figura 15, adaptada de Elkington (2012), afirma-se que uma empresa sustentável é aquela que contribui para o desenvolvimento sustentável ao gerar, de modo equilibrado, benefícios econômicos, sociais e ambientais. É de Elkington a expressão *triple bottom line*, atualmente bastante disseminada no ambiente empresarial, e que sintetiza o equilíbrio dos resultados econômicos, sociais e ambientais, conforme podemos observar na Figura Tríplice Resultado, em analogia ao *bottom line,* a última linha ou linha de resultado dos demonstrativos de resultado contábeis.

No *Tripple Bottom Line* a Estrutura de Governança e ESG, e os seus respectivos órgãos, devem relacionar os princípios às boas práticas no processo decisório da alta gestão estratégica, buscando o devido equilíbrio entre *people, planet e profit,* ou seja, entre pessoas, planeta e lucro, conforme preconiza Elkington (2012) quando afirma que uma empresa sustentável é aquela que contribui para o desenvolvimento sustentável ao gerar, de modo equilibrado, benefícios econômicos, sociais e ambientais. No entanto, as boas práticas, nesse sentido devem ser implementadas, pois devem reverberar positivamente na valoração da corporação em um amplo espectro de *stakeholders.* De uma maneira geral, a Governança, ESG e seus respectivos órgãos tornaram-se um campo de estudo e treinamento cada vez mais ativo. Desse interesse crescente surgirão novas perspectivas pois, para sua sustentabilidade, necessita-se de atenção, ação e manutenção. Seja através da incorporação de boas práticas, do uso de novos instrumentos ou revisão das estruturas organizacionais, a Governança e ESG devem, em conjunto com seus respectivos *stakeholders,* reconhecer a importância da teoria destes mesmos *stakeholders,* abordada no próximo capítulo.

1.10. Teoria dos *Stakeholders*

Nos negócios atuais, o valor aportado pelo capital é cada vez mais reduzido e o risco, em muitas ocasiões, é compartilhado por todas as partes interessadas da empresa. Se agregar valor e assumir riscos não é exclusivo dos acionistas, por que os direitos governamentais deveriam ser? Como já abordado no capítulo 1, a participação dos diferentes grupos de interesse que compõem a empresa foi ampliada, conforme retratado na Figura 16, em complemento ao tradicional conceito de só abordar a propriedade e gestão.

Figura 16 – Rol de *Stakeholders* Ampliado

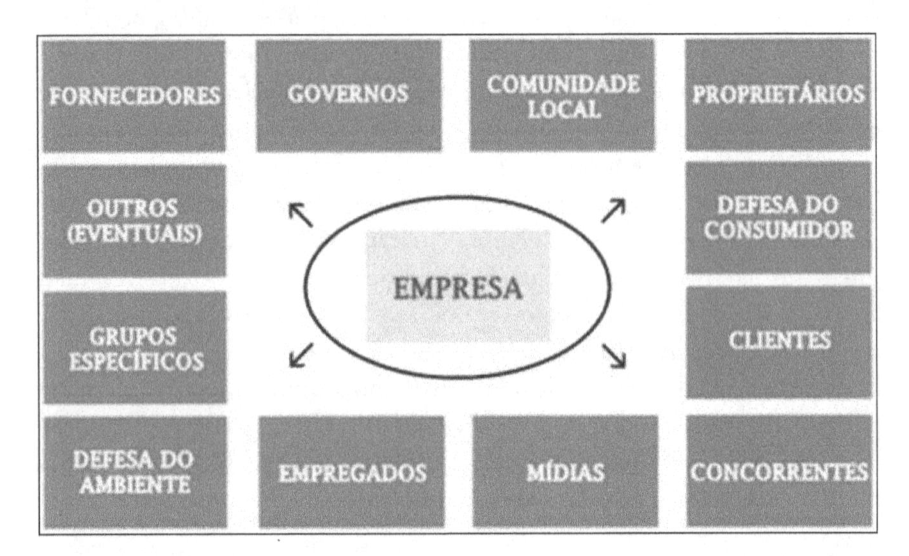

Fonte: Adaptado de Freeman e McVea. "A Stakeholder Approach to Strategic Management". *SRRN*, 2001. Disponível em: https://papers.ssrn.com/sol3/papers.cfm?abstract_id=26351. Acesso em 23 jun. 2022.

No contexto atual, caracterizado por seu dinamismo, novos valores e formas de organização, o mercado passou a dar grande importância ao valor dos intangíveis, amplamente afetados pelos *stakeholders,* de acordo com a Figura 16, que são difíceis de quantificar, mas não por isso menos importantes. Entre eles, pode-se incluir ferramentas como o mapa de identificação de *stakeholders*, o perfil de análise de *stakeholders*, o roteiro de identificação de *stakeholders*, entre outras práticas utilizadas por cada empresa.

Em geral, mudanças na concepção das organizações e seus fatores de valor foram constantes nas últimas décadas. No entanto, como a Governança e ESG referem-se também à teoria dos direitos de propriedade de capital, esta continua sendo usada, tomando o cuidado de não relegar a participação a um escopo meramente operacional. Neste caso, destaca-se o argumento central de que a avaliação de fatores de valor possui diversos métodos. Destaca-se, dentre eles, o de múltiplos valores. Neste prisma, as organizações podem ter seus indicadores medidos como um ou mais métodos, baseados em referências e métricas, o que pode significar que quando uma corporação está sendo analisada, vários indicadores semelhantes podem ser usados para mensuram a imagem corporativa empresarial no âmbito da Governança e ESG. Desta forma evita-se que se foque em um escopo meramente operacional e, sim, que se explore a amplitude dos valores de Governança Corporativa, que se refletem na reputação empresarial.

Destaca-se a relevância da participação das partes interessadas no âmbito da Governança e ESG, de acordo com o destaque de Giacomelli et al. (2017), quando reiteram a importância da teoria dos *stakeholders* que, nesse aspecto, reforça a responsabilidade central da organização e corrobora para a suas relações macroambientais com os mais variados *stakeholders*, positivos e negativos. Igualmente destaca o respectivo poder de influência de cada um deles nas diretrizes estratégicas das organizações, recomendando finalmente que estas busquem um equilíbrio nestes canais de relacionamento.

Observamos que na teoria, e em consonância com a Figura 17, existem prismas diversos sobre a Governança e ESG, observado à luz da sua decorrente Estrutura organizacional. Nesta imagem, demonstra-se que, no mundo corporativo, independentemente do setor, é impossível crescer sozinho. Portanto, é absolutamente necessário ter cuidado com todas as partes interessadas para obter o máximo de cada uma delas, mesmo na amplitude de *stakeholders* exemplificada.

Figura 17 – Conceito Ampliado da Teoria dos *Stakeholders*

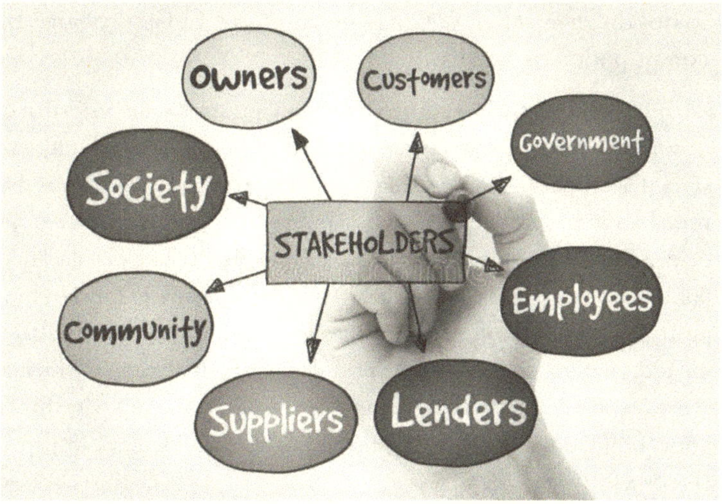

Fonte: Adaptado de Ercolin, Carlos – Governança e ESG / Rubens Mazzali,– Rio de Janeiro : Editora FGV

Dentro da Teoria dos *Stakeholders*, a nova realidade da empresa deve levar a um conceito de propriedade e negócio em que não haverá vinculação exclusivamente à contribuição de capital, mas à contribuição de valor, em grande parte ligada à gestão de recursos e capacidades intangíveis. Assim, as principais contribuições desta teoria são:

- A base da Governança e ESG deve passar de uma perspectiva focada nos acionistas para uma perspectiva focada nas partes interessadas;
- A metodologia de participação das partes interessadas deve passar da compreensão do valor econômico a uma concepção sistêmica.

Conforme apresenta Rossetti e Andrade (2014), os administradores que não se atentam em considerar os interesses de outros *stakeholders* cometem também um erro em suas obrigações com os *shareholders*.

A participação e o engajamento dos clientes internos, funcionários e equipe como *shareholders* é cada vez mais importante dentro da respectiva Estrutura organizacional. Há uma enorme pressão interna, que pode vir a modificar esta teoria e a própria estrutura de Governança e ESG de empresas, na qual uma maior participação, e consequente engajamento, dos *shareholders* tornam-se vitais nos mais altos níveis de decisão das estruturas organizacionais.

Há diversos argumentos que reforçam a importância da inclusão e participação dos diversos *stakeholders* na Governança e ESG corporativa. Entre outras coisas, podemos afirmar que:

> agir com transparência e clareza na prestação de informações aos *stakeholders*, por meio de uma comunicação eficiente, clara e muito responsável. Daqui para a frente, a tendência é que a qualidade da transparência venha a redefinir as relações das empresas com os investidores. Há cerca de dez anos, a divulgação da informação se restringia à obrigação legal de publicar o balanço financeiro ao menor custo possível. Em um momento posterior, as companhias mostraram-se preocupadas em detalhar as atividades, porém voltadas ao próprio negócio. Atualmente, a mentalidade sobre o que e como divulgar vem-se estruturando em um tripé fundamental: o resultado econômico-financeiro, a ação ambiental e o papel social (Rocha 2010, p.55).

Nesta afirmação, o autor corrobora para a importância da relação ampliada da participação de um maior número de *stakeholders* na Governança corporativa, bem como a necessidade de atender ao *Triple Bottom Line* neste contexto. Reforça ainda a necessidade da comunicação espontânea e transparente com estes públicos ampliados de relacionamento. Porém, neste aspecto, surge uma nova preocupação, ou seja, como engajá-los no negócio de forma a criar valor conjunto?

Nesta mesma linha, temos que reconhecer que no prisma do valor conjunto, precisamos reconhecer que não existe sustentabilidade sem lucratividade, conforme afirma (ROCHA, 2010, p. 57): "A possibilidade de crescer e se desenvolver está intrinsecamente associada à capacidade de gerar lucros que possam ser reinvestidos. É a lógica do desenvolvimento contínuo".

Por outro lado, quanto aos aspectos contábeis tradicionais, o foco da análise do valor conjunto ainda paira sob a ótica do desempenho puramente econômico convencional, que adota os indicadores e métricas tradicionais utilizados anteriormente a esta análise de valor conjunto, conforme corrobora o trecho abaixo:

> No que diz respeito à contabilidade convencional, a maioria dos indicadores (embora não necessariamente todos) é baseada em torno do desempenho econômico, tal como o desempenho do negócio (vendas, lucro, retorno sobre o investimento etc.) ou a presença no mercado (penetração no mercado etc.). Em relação à contabilidade voltada para um negócio responsável, percebeu-se que outros indicadores, mais abrangentes, devem ser usados para entender melhor, prever e ter em conta as pressões crescentes, os riscos e as oportunidades que se apresentam às empresas. Esses indicadores incluem fatores ambientais, como a energia e água utilizadas na produção, a porcentagem de resíduos reciclados e a quantidade de dióxido de carbono emitido. Os fatores sociais incluem indicadores sobre o trabalho, como diversidade, treinamento, saúde e segurança (Laasch, 2016, p. 441).

Em consequência do comentado acima, sabemos que em uma análise mais sistêmica deste valor conjunto, demais características relacionadas à comunidade local de abrangência – como a mídia e demais entidades do entorno –, deveriam entrar nesta discussão, justificando o reconhecimento mais ampliado da participação de *stakeholders* diversos.

Outro ponto de discussão complementar é de como a distribuição desse valor e os relacionamentos podem afetar o negócio da corporação, pois é claro que a sustentabilidade quanto à governança corporativa apresenta aspectos estratégicos na gestão das empresas. Alinhada às colocações de Rocha (2010), há uma compreensão mais ampla da relação entre os aspectos sociais e ambientais, relacionados às oportunidades, ameaças de mercado e aos pontos fortes e fracos das corporações. Ressalta-se ainda o potencial de atender às necessidades dos demais *stakeholders*.

Desta perspectiva, destacamos as externalidades e os ativos intangíveis, conforme se aponta:

> Quando a empresa consegue enxergar a sustentabilidade de maneira organizada, passa a perceber seu ambiente de negócio de forma mais completa. Compreende alguns dos aspectos que o impactam e que, muitas vezes, nem estão refletidos nos preços, tampouco contabilizados. A governança corporativa é uma realidade plural, que abriga diversos ângulos de observação: para a empresa, a governança corporativa é controle e transparência; para os executivos, é responsabilidade e compromisso (*accountability*); para os sócios, é democracia e justiça; para os investidores, é proteção e segurança (ROCHA, 2010, p. 56).

Este ponto da discussão nos leva a demonstrar a importância da orientação ampliada para todos os demais *stakeholders* ao invés da orientação reduzida somente para *shareholders*, na perspectiva da Governança corporativa. Nesta visão ampliada, os componentes dessa estrutura ou sistema nuclear são determinados por seus públicos de relacionamento , que a valorizam na conformação dos tecidos sistêmico, holístico e social, variando entre local, departamental, regional, nacional e internacional. Portanto, o papel da cultura e da sociedade está sujeito à dinâmica das políticas econômico-sociais-ambientais.

Um exemplo é o caso Shell, onde outro autor demonstra a importância desse tipo de relacionamento:

> Os princípios definem a responsabilidade da empresa para com os *stakeholders* primários (acionistas, empregados, parceiros de negócio e a

> sociedade), compromisso com a sustentabilidade nas suas três dimensões (desempenho ambiental, social e econômico), compromisso com a ética, destacando-se a importância dos princípios morais (recusa ao suborno e respeito pela lei), e compromisso com os valores (honestidade, integridade e respeito) (Laasch, 2016, p.2).

Neste relacionamento ampliado, que também é reforçado no capítulo seguinte, onde destacamos a Governança e ESG com foco no investimento ambiental e social, percebemos que as empresas estão cientes de que suas ações para a contribuição da Governança corporativa e desenvolvimento sustentável dependem, em grande parte, de como desenvolvem suas operações dentro e fora da organização. Ainda assim, estão cientes de que contribuem para o crescimento econômico e social dos lugares onde desenvolvem suas atividades.

Por este ângulo, a importância da Governança e ESG ampliada para as organizações reside, principalmente, no sucesso do desenvolvimento de um sistema de gestão que beneficie, de forma ampliada, tanto as empresas quanto seus colaboradores, clientes, fornecedores, acionistas, meio ambiente e comunidade em geral, ao invés de somente os *shareholders* tradicionais. Quando abordamos o caso da empresa Suzano Papel & Celulose e Natura, extraído de Rocha (2010, p. 76, 77 e 78), fica claro no depoimento o reconhecimento da própria empresa, quando garante que a sustentabilidade corporativa não possui relação exclusivamente com as questões de pura lucratividade, quando ressalta a virtuosidade da referência às boas práticas de governança corporativa ampliadas e quando corrobora para o desenvolvimento humano, social e econômico, como na geração de empregos e renda, por exemplo, identificada como um dos sustentáculos da sobrevivência das organizações. Especificamente no exemplo da Natura, corrobora para o dinamismo da respectiva relação entre sua longevidade e consequente benefício nos âmbitos social e ambiental, justificando assim que a participação dos *stakeholders* pode maximizar o alcance das estratégias voltadas para ESG. Nesta mesma linha de pensamento, reforçamos e enumeramos estes pontos no caso Pnuma/ONU, onde ressalta-se seis princípios básicos para o investimento responsável nesta relação de *stakeholders*:

> 1. Incluiremos questões de governança ESG (ambiental, social e corporativa) na análise de investimento e processos de tomada de decisão. 2. Seremos proprietários ativos e incorporaremos questões de ESG em nossas políticas e práticas de propriedade. 3. Buscaremos a divulgação adequada de questões de ESG pelas entidades nas quais investimos. 4. Promoveremos a aceitação e implementação dos Princípios dentro da indústria de investimento. 5. Trabalharemos juntos a fim de aprimorar nossa eficácia na implementação dos Princípios. 6. Faremos cada relatório de nossas atividades e progresso em prol da implementação dos Princípios (LAASCH, 2016, p. 482).

Assim, ressaltamos que, o papel da cultura e da sociedade está sujeita também à dinâmica das políticas econômico-sociais-ambientais praticadas por estes *stakeholders* envolvidos.

Assim, em síntese deste subcapitulo, salientamos que o cenário socioeconômico mundial traz um novo significado entre a relação que existe na empresa e na sociedade, em que agora se objetiva estabelecer uma conexão entre os aspectos e propósitos sociais e ambientais, diretamente ligados a Governança corporativa, equilibrando assim com o ambiente econômico-financeiro da empresa, determinado a provocar um senso de responsabilidade social, com impacto no bem-estar de todas essas pessoas e do meio ambiente envolvidos no processo de desenvolvimento da empresa.

1.11. A Governança com foco no investimento ambiental e social – ESG

Sabemos que o devido equilíbrio da Governança recomendava inicialmente a expressão do mínimo trinômio: acionistas, conselho de administração e gestão, baseados no âmbito único da relação propriedade/gestão. Porém, atualmente recomendamos que se expandisse para as relações com os demais *stakeholders* de influência, tais como sociedade, comunidade, fornecedores, clientes, usuários, mídia, concorrentes, dentre outros, conforme explicado e evidenciado na Figura 18.

Neste aspecto, avançamos para o conceito de ESG (sigla em inglês para aspectos ambientais, sociais e de Governança), ou seja, recomendamos que as práticas de Governança pudessem alavancar o investimento ambiental e social, constituindo-se em uma importante fonte de retorno financeiro, dentro de uma abordagem holística para empresas de gestão de investimentos, segundo Deloitte (2019).

Dentro desta linha estratégica, as boas práticas de Governança podem apoiar a reputação de mercado, com foco nas organizações, pois fornecem perspectiva e pesquisa para ajudar agentes de decisão seniores de bancos, empresas de mercado de capitais, gestores de investimentos, seguradoras e organizações imobiliárias, dentre outros.

Sabemos que as empresas são compostas por um grupo de profissionais com um amplo conjunto de experiências profundas em seu respectivo setor e segmento, na indústria, no comportamento de seus clientes diretos e indiretos, além de pesquisas de ponta e habilidades analíticas para entendimento de seu mercado, conforme aborda Rebouças (2016), quando afirma a importância da estrutura organizacional como fator de sustentação da produtividade e do desenvolvimento das empresas.

Através desta diretriz, conforme demonstrado na Figura 18, o ESG pode ser uma fonte genuína para perspectivas relevantes, oportunas e confiáveis, que podem munir o desdobramento de portfólio, programas e projetos e suas decorrentes ações publicitárias, mercadológicas e comerciais, orientando os respectivos planos de ação e demais ferramentas de tomada de decisão e de controle da organização, atingindo, por capilaridade, geografias e tipos de investidores, conforme se percebe na Figura 18.

Figura 18 – Questões relacionadas ao ESG

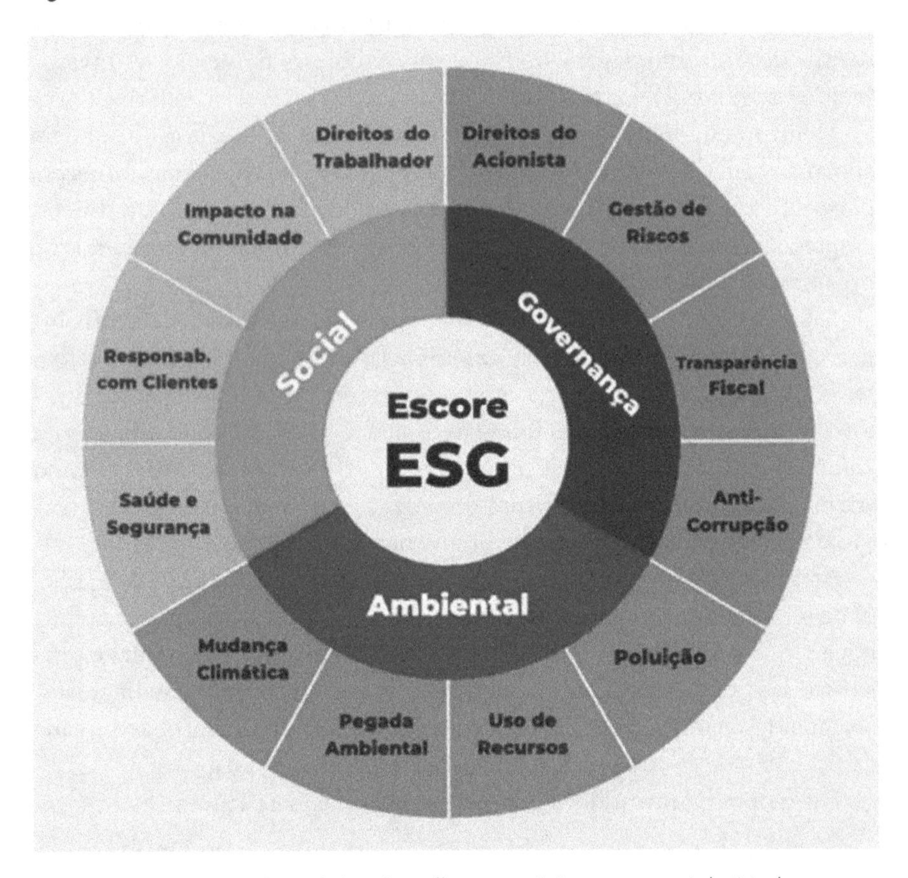

Fonte: Grupo Indusparquet – Disponível em: https://www.grupoindusparquet.com.br/noticias/esg-como-empresas-nao-podem-mais-deixar-de-impactar-positivamente-o-seu-entorno- acesso em 13/07/2022 as 17:33

O cenário regulatório do investimento no ESG permanece fluido a nível global. Além disso, as tecnologias emergentes podem criar oportunidades para a inovação dos produtos dentro do ESG.

A necessidade de credibilidade esperada para liderar esta possível nova onda de investimento baseada em princípios do ESG, conforme demonstrado na Figura 19 – onde demonstramos um diagrama do espectro de capitais –, pode contribuir para capitalizar um futuro mais socialmente responsável, levando a avanços em investimentos ambientais, sociais e governamentais, consolidando-se em uma abordagem holística para as empresas quanto à gestão de investimentos.

Figura 19 – Diagrama do Espectro de Capitais

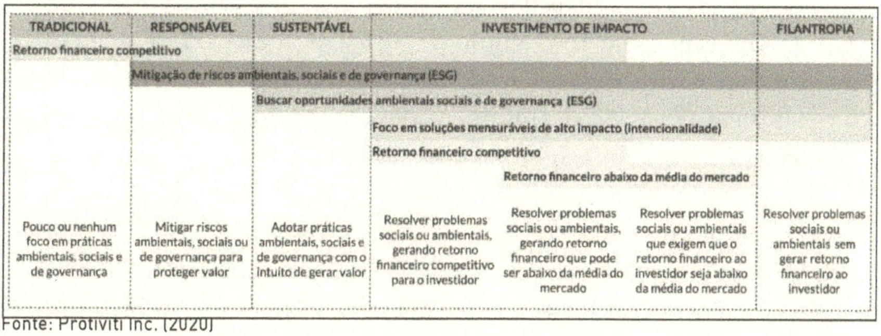

Retorno financeiro competitivo

Mitigação de riscos ambientais, sociais e de governança (ESG)

Buscar oportunidades ambientais sociais e de governança (ESG)

Foco em soluções mensuráveis de alto impacto (intencionalidade)

Retorno financeiro competitivo

Retorno financeiro abaixo da média do mercado

TRADICIONAL	RESPONSÁVEL	SUSTENTÁVEL	INVESTIMENTO DE IMPACTO			FILANTROPIA
Pouco ou nenhum foco em práticas ambientais, sociais e de governança	Mitigar riscos ambientais, sociais ou de governança para proteger valor	Adotar práticas ambientais, sociais e de governança com o intuito de gerar valor	Resolver problemas sociais ou ambientais, gerando retorno financeiro competitivo para o investidor	Resolver problemas sociais ou ambientais, gerando retorno financeiro que pode ser abaixo da média do mercado	Resolver problemas sociais ou ambientais que exigem que o retorno financeiro ao investidor seja abaixo da média do mercado	Resolver problemas sociais ou ambientais sem gerar retorno financeiro ao investidor

Fonte: Protiviti Inc. (2020)

Ainda segundo pesquisa da Deloitte (2019), destacam-se alguns cenários que corroboram para o ESG:

- Os ativos obrigatórios do ESG podem crescer quase três vezes mais rápido do que os não obrigatórios para abranger metade de todos os investimentos gerenciados profissionalmente até 2025;
- Estima-se que duzentos novos fundos com um investimento ESG obrigatório sejam lançados nos próximos três anos, mais do que o dobro da atividade dos três anos anteriores;
- Usar inteligência artificial (IA) e dados alternativos está dando aos gerentes de investimento maiores recursos para descobrir dados ESG materiais e, possivelmente, atingir as suas metas, conforme corrobora Bergue (2011) quando destaca a tecnologia em relação à estrutura, processos e pessoas;
- As formas de gerenciamento de investimentos que atuam hoje para fazer a transição das ofertas de produtos ESG em segmentos para a implantação em nível corporativo provavelmente capturarão uma porcentagem maior dos fluxos de ativos ESG futuros;
- O movimento de sustentabilidade está crescendo e a consciência social se espalhou por muitas facetas da vida. Muitas empresas estão fazendo um esforço concentrado para se alinhar a esses princípios. Esse esforço

provavelmente contribuiu para o boom constante na cobertura dada pela mídia às marcas "sustentáveis" nos últimos dois anos. As evidências sugerem um crescimento semelhante no desejo, caracterizado como investimentos "sustentáveis" ou "socialmente responsáveis";

- A nível mundial, pelo menos 25% dos portifólios de investidores de varejo e institucionais que aplicam os princípios ambientais, sociais, de Governança e ESG saltou de 48% em 2017 para 75% em 2019. Embora o direcionamento de investimentos com base em seus valores já exista há décadas, as discussões entre consultores e seus clientes sobre Investir em ESG tornou-se comum.

Ainda de acordo com os resultados da pesquisa, os gestores de investimento provavelmente responderão a essa demanda lançando um recorde de duzentos novos fundos ESG até 2023, mais do que o dobro dos três anos anteriores.

Exemplificado na Figura 20, quanto aos demais benefícios decorrentes da utilização de uma estratégia de adoção dos princípios ESG, as empresas ainda podem capturar uma grande parte dessa crescente alocação ESG usando tecnologias emergentes para incorporar dados ESG de qualidade ao processo de decisão de investimento, desenvolvendo produtos com metas ESG claras e adotando uma cultura orientada para ESG dentro da organização, para ganhar credibilidade junto aos investidores.

Figura 20 – Benefícios da Adoção dos Princípios ESG

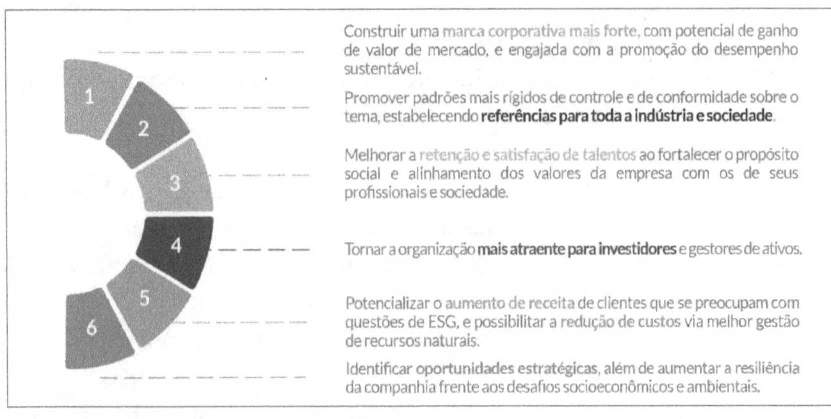

Fonte: Protiviti Inc. (2020)

Como o crescimento das tecnologias emergentes, por exemplo, a inteligência artificial (IA) pode permitir que os gestores de investimento descubram dados materiais adicionais que podem não ter sido divulgados por uma empresa.

Uma empresa de gestão de investimentos pode utilizar um mecanismo de inteligência artificial para digitalizar dados não estruturados com o objetivo de identificar dados materiais de ESG. Em seguida, por exemplo, pode priorizar investimentos com baixas avaliações para o maior retorno esperado. Nesta linha destacamos a importância dos sistemas de planejamento e controle, e os mecanismos de inteligência artificial, pois também procuram dados não estruturados, como registros de patentes, para identificar empresas que possam estar mais próximas de implantar tecnologias de baixo carbono de ponta, por exemplo. Identificar esses tipos de investimentos, antes que as empresas promovam suas conquistas, pode ser a base para retornos futuros mais altos.

Além disso, como a inteligência artificial (IA) pode permitir dados ESG de melhor qualidade, espera-se cada vez mais que os investidores institucionais e comerciais exijam que os fatores ESG sejam aplicados a uma porcentagem maior de suas carteiras.

Isto posto, reguladores e investidores sugerem que todo o potencial ainda deve ser realizado, o que provavelmente acontecerá se os gestores de investimento considerarem rotineiramente as métricas de ESG em todas as suas decisões de investimento, conforme demonstrado exemplo na Figura 21, que retrata um exemplo de pontuação e métricas ESG, onde os insumos são coletados e calculados a partir das divulgações públicas da empresa, portanto dependem da veracidade dessas informações. Neste exemplo, atribuem os indicadores "uso de recursos, emissões e inovação" no prisma ambiental.

Figura 21 - Exemplo de Pontuação e Métricas ESG

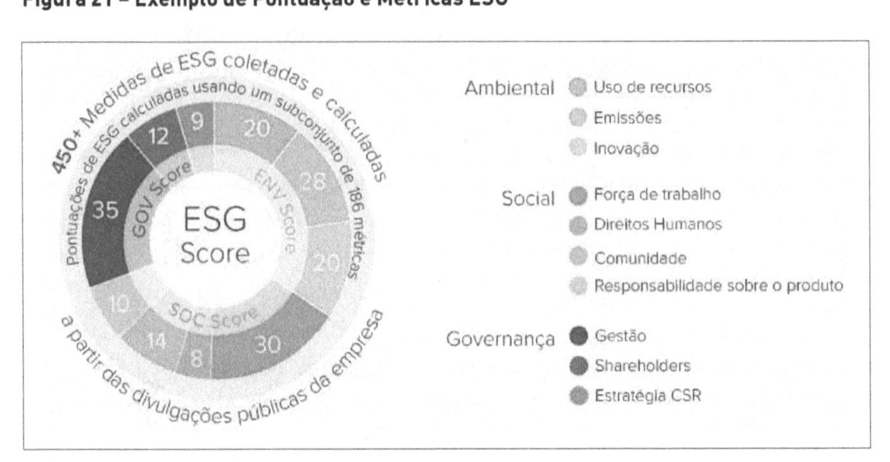

Fonte: Refinitiv (2020)

No aspecto social, relacionamos os indicadores "força de trabalho, direitos humanos, comunidade e Responsabilidade Corporativa sobre o produto". Já no âmbito de Governança, atribuímos os indicadores "gestão, *shareholders* e estratégia CSR (Corporate Social Responsibility ou em português RSC – Responsabilidade Social Corporativa)", ou seja, estratégias de Responsabilidade Social. É importante lembrar que a Responsabilidade Corporativa indica o zelo pela sustentabilidade das organizações, incorporando considerações de ordem social e ambiental na definição dos negócios e operações, enquanto Mazzali e Ercolin (2018) ressaltam que a Governança deve zelar pela sustentabilidade do negócio – não apenas pela sustentabilidade econômico-financeira, mas também levando em conta os impactos positivos e negativos que a atuação da organização possa ter no entorno.

Cabe uma observação quanto aos possíveis indicadores, bem como a captação e leitura de dados alternativos para desenvolver a *acuracidade* de métricas de ESG para analisar investimentos, tomar decisões e informar os investidores. Ao alinhar ferramentas avançadas de análise com métricas de sustentabilidade, os gestores de investimento podem ser capazes de potencializar a precisão dos métodos de detecção do diagnóstico e as devidas estratégias de ESG.

A força norteadora por trás do ESG em empresas de gestão de investimentos está evoluindo e levando ao aumento da atividade de captação de recursos. A demanda dos clientes, tanto os corporativos quanto os investidores institucionais, é agora a principal razão relatada pelos gestores para incorporar fatores de ESG nas decisões. Neste ponto, destacamos seu grande potencial.

Além disso, a demanda dos clientes por ESG obrigatório aumentou nos últimos três anos, apoiando o crescimento das carteiras das empresas de gestão de investimentos, o que influência todo o cenário regulatório de investimento no ESG mundialmente.

No cenário público percebemos que há ainda mais campo para o desenvolvimento do papel da Governança e ESG direcionada aos aspectos sociais e ambientais, pois os reguladores recentemente têm exigido mais profundidade e transparência das empresas públicas em relação ao seu impacto ambiental e social, além de uma disposição em dar uniformidade à taxonomia da ESG.

Nesta linha, Silva (2016) analisa o que ocorre com a ética e a moral quando as sociedades passam por transformações tão fortes quanto as que o mundo vive atualmente, e afirma que alguns especialistas ressaltam que, nessa situação, a Responsabilidade Social nunca foi tão importante.

Globalmente, embora diferentes reguladores possam ter tomado diferentes abordagens para o ESG, resultados semelhantes podem ser gerados para os investidores. Como lembramos, as tecnologias emergentes podem criar oportunidades para a criação de produtos inovadores no que diz respeito ao ESG.

Em consequência, na medida em que o ESG ganha maior aceitação entre os gestores de carteira, a diferenciação muitas vezes se torna crítica e ir além da transparência na personalização de produtos pode ser o futuro da inovação de produtos ESG.

Observamos que 70% dos gestores de investimento acreditam que grande parte do crescimento dos investimentos da ESG será alimentada pela personalização do produto. Assim, recomendamos que pessoas nessa posição entreguem soluções personalizadas para seus respectivos clientes. Já há iniciativas de empresas de tecnologia focadas no desenvolvimento de plataformas que permitam aos investidores escolher entre questões ambientais, sociais ou governamentais. Nesses casos, os investidores podem personalizar suas carteiras adicionando ou removendo empresas específicas, usando indexação direta, o que motiva algumas empresas tradicionais de gestão de investimentos a tentarem aumentar a oferta de produtos ESG através do desenvolvimento de suas próprias plataformas.

Neste aspecto, o crescente sistema de produtos e plataformas personalizados da ESG apresenta aos gestores de investimentos oportunidades de promover sua proposta de valor para os clientes. Com o aumento previsto nos investimentos dos dados do ESG, o número de empresas de gestão de investimentos que fornecem aos seus clientes dados de desempenho do ESG provavelmente continuará aumentando. A quantidade desses dados está se expandindo à medida que as empresas aumentam as divulgações do ESG e as empresas de classificação incorporam novos pontos de dados em suas métricas, o que pode tornar mais importante que as empresas de gestão de investimentos desenvolvam suas próprias capacidades para obter e gerenciar dados de qualidade e confiabilidade.

A necessidade de credibilidade esperada para liderar a nova onda de investimento da ESG, quanto aos princípios de reputação, pode fluir para que empresas de gestão de investimentos possam alinhar sua marca aos princípios do ESG, com a estratégia de aproveitar o fato de que os consumidores muitas vezes recompensam empresas que combinam adequadamente sua marca com suas ações.

Conforme Rossetti e Andrade (2014), dentre as possíveis consequências, observam-se pressões crescentes cobrando por Responsabilidade Corporativa e por maior amplitude dos objetivos corporativos, tendo em vista suas interfaces com as demandas e os direitos de outros constituintes organizacionais, definidos genericamente como *stakeholders*, como é o caso destes consumidores enquanto usuários dos produtos e serviços gerados por estas empresas.

Corroborando para este aspecto, Deloitte (2019) afirma que o ESG é uma lente em gestão eficaz de riscos e um caminho para aperfeiçoar o desempenho e teria que estar incorporada no modelo de negócio da gestão de investimentos, até o fim, para atrair talentos e ganhar credibilidade com seus investidores, aceitando plenamente a influência dos problemas da ESG através de sua organização e demonstrando seu compromisso ao detalhar as ações tomadas para se alinhar a esses princípios, capitalizando um futuro socialmente responsável.

Os investidores ainda considerarão o desempenho ao selecionar um gestor de investimentos, porém destacamos a capacidade para demonstrar a eles que a empresa holisticamente adotou práticas sustentáveis e que as expectativas provavelmente serão expandidas por investidores e reguladores, e exigirão um foco proativo. As empresas devem identificar qualquer lacuna possível, reexaminando seus processos pela ótica baseada em princípios de ESG.

Concluindo este capítulo, lembramos que as empresas podem achar que as métricas do ESG melhoram a oportunidade de encontrar o foco de rentabilidade social, bem como atrair novos clientes, como afirma o IBGC (2015) quando aborda o relacionamento com as partes interessadas e quando ressalta os princípios básicos de Governança e ESG.

Ter ações sustentáveis em seu portfólio pode ser um primeiro passo necessário para sua valoração, mas quanto ao sucesso em longo prazo é provável que o crescente sistema de produtos e plataformas personalizados da ESG apresente aos gestores de investimentos oportunidades de promover sua proposta de valor aos clientes.

Na conclusão deste capítulo que tratou a Governança com foco no investimento ambiental e social, ESG, destacamos os pontos levantados pelo IBGC (2015) que, sobre esse aspecto, disserta quanto a possibilidade de diversas opções de estratégias rentáveis para as empresas. Destaca-se o alinhamento dos processos de investimentos financeiros, com a necessidade de clientes que reconhecem uma análise mais sistêmica, as questões de sustentabilidade e a relevância do papel em relação à sociedade.

Salientamos a necessidade de haver investimentos conectados com os aspectos sociais e ambientais, com um possível redirecionamento dos investimentos em bolsa para fundos sustentáveis, que certamente seriam mais persistentes e duradouros. Além disso, lembramos sobre o interesse de públicos mais jovens, dentro de uma visão além do lucro. Em conjunto, essas contribuições podem permitir o desenvolvimento de um novo modelo de aplicabilidade para a teoria das partes interessadas, razão pela qual o principal aspecto de estudo é sua devida relação e interatividade com a Estrutura organizacional, sempre relacionando o planejamento estratégico corporativo à satisfação dos interesses das partes envolvidas com os objetivos da empresa.

O objetivo deste capítulo foi apresentar uma revisão não exaustiva dos diferentes usos e significados do conceito de Governança e ESG, bem como a intervenção em sua respectiva Estrutura organizacional, destinada a promover e fortalecer a "boa Governança e ESG" – na teoria e na prática –, tentando identificar as lacunas existentes e as questões emergentes. A intenção final, no entanto, é propor a partir disso, uma reflexão crítica sobre os valores e ações que orientaram e orientarão os processos de mudança nos sistemas sócio-políticos da sua respectiva Estrutura organizacional e, particularmente, nos processos de democratização e descentralização, dentro das boas práticas de Governança e ESG.

Em continuidade, o próximo capítulo aborda a importância da Estrutura organizacional e o respectivo ambiente externo, à luz das Teorias da Dependência de Recursos e dos Custos de Transação, buscando identificar os impactos dos diferentes ambientes externos na estruturação e no funcionamento das organizações, dando destaque especial a Teoria dos Custos de Transação, que consolidará o fechamento do segundo capítulo.

Capítulo 2

Estrutura Organizacional, Teorias da Dependência de Recursos e dos Custos de Transação

Neste capítulo, identificaremos os impactos dos diferentes ambientes externos na estruturação e no funcionamento das organizações. Abordaremos a relação com o gerenciamento das interdependências simbióticas de recursos e com as interdependências competitivas de recursos.

Quanto ao termo principal, também poderemos entender que a chamada "Estrutura organizacional" se refere à totalidade da organização de uma empresa, incluindo a estrutura formal da organização, os sistemas de controle, os sistemas de incentivo, a cultura organizacional e as pessoas. Para tanto, em seguida, apresentaremos a Estrutura Organizacional e sua contextualização com o acrônimo VUCA (*Volatility*, *Uncertainty*, *Complexity*, *Ambiguity*).

2.1. Estrutura Organizacional

Baseando-se na aplicabilidade de identificação dos impactos dos diferentes ambientes externos na estruturação e no funcionamento das organizações, dentro de uma necessidade ágil na Estrutura organizacional atual, nos deparamos com o acrônimo VUCA (*Volatility*, *Uncertainty*, *Complexity*, *Ambiguity*) e precisamos ajustar os processos e atividades para atender a estas circunstâncias competitivas, altamente mutáveis, onde os desafios são constantes.

O termo VUCA foi originalmente criado pelo U.S. Army War College, em 1986, para descrever o mundo multilateral aparentemente irreconhecível que resultou do fim da Guerra Fria (Horstmeyer, 2020), sendo traduzido para VICA em português, em que o acrônimo permanece parcialmente o mesmo, apenas tendo alteração na letra "I", que significa incerteza.

VUCA compila quatro tipos distintos de desafios que exigem respostas diferentes:

- Volatilidade: O evento é instável e pode ter duração pouco definida. As características estão normalmente disponíveis. Os preços podem sofrer alterações após uma pandemia, o que faz com que as pessoas tenham a propensão a estocar mantimentos, fazendo com que, devido à grande procura, o preço suba e os estoques nos mercados diminuam ou se esgotem;
- Incerteza: Situação em que não se tem uma definição do que pode acontecer diante de algo que pode não ter sido visto anteriormente. Por exemplo, há a possibilidade de lançamento de um produto mas, após uma pesquisa de mercado, não fica claro se as respostas recolhidas indicam que o momento seria propício para o seu lançamento. A fim de evitar um possível conflito e desperdício de esforços, são necessários investimentos em intensa pesquisa e desenvolvimento, inclusive em redes sociais e canais correlatos;
- Complexidade: Situação é conhecida, mas há muitas variáveis interligadas e que são difíceis de serem previstas ou gerenciadas, podendo ser analisadas sob diversos aspectos. Poderemos ter uma negociação onde os interesses sejam divergentes e onde os interlocutores têm pouca ou nenhuma experiência no assunto, tornando o processo muito custoso e com resultados pouco visíveis. A melhor solução é estar bem orientado por especialistas e com conhecimento prévio das possíveis opções que poderão ser apresentadas;
- Ambiguidade: Situação é possivelmente conhecida, mas na relação causa e efeito pode ser apresentado opções que levam à indecisão quanto ao melhor resultado. Em uma situação assim, há mais de uma interpretação, podendo causar incompreensão. A solução possível é, considerando a qualidade das possíveis respostas apresentadas, utilizar o "teste de hipóteses" como ferramenta estatística e que provê bons resultados dependendo da formulação da conjuntura.

Os componentes do VUCA podem existir em algum tipo de combinação. Por exemplo, um mercado de produto emergente pode ser ambíguo e volátil, ou a expansão para um território estrangeiro em meio a uma mudança governamental radical pode ser incerta e complexa (BENETH; LEMOINE, 2014). O ambiente de negócios atual está em permanente transformação de acordo com o aumento da complexidade global.

Figura 22 – Componentes da Estrutura da Organização

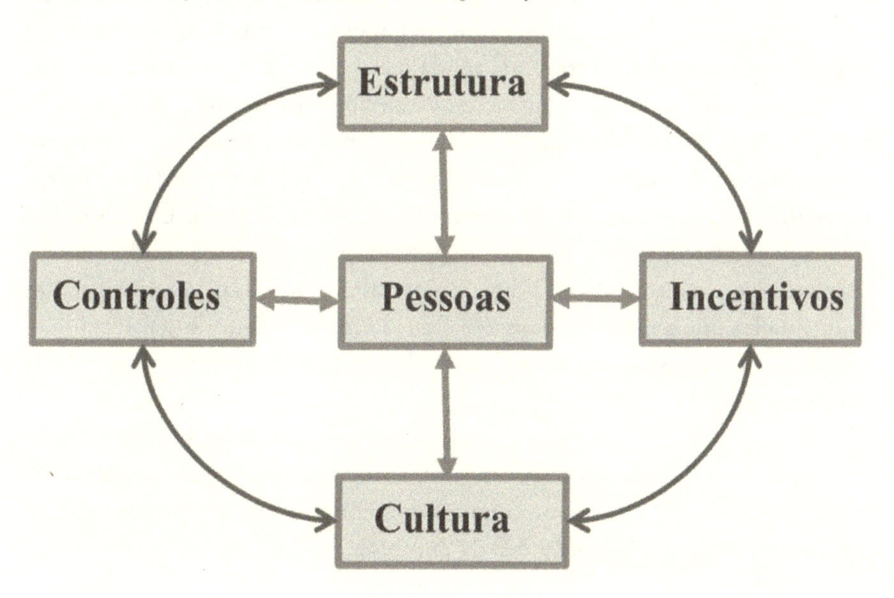

Fonte: adaptado de OA – Wisdomjobs.com (2020)

Seguindo a Figura 22 temos o componente "Estrutura", onde elencamos três tópicos: a estrutura das tomadas de decisão na empresa (centralizada ou descentralizada); a estrutura da organização, e suas subdivisões (se em forma matricial, em subunidades, como funções, divisões de produtos e operações nacionais) e o estabelecimento de mecanismos integradores para coordenar as atividades de subunidades (como fluxos multifuncionais).

Em seguida vêm os controles, que são os indicadores usados para medir o desempenho de subunidades e julgar como os gerentes as estão executando.

Incentivos são os dispositivos usados para estimular o comportamento desejado nos funcionários. Os incentivos estão intimamente ligados aos indicadores de desempenho. Por exemplo, os incentivos de um gerente encarregado dos negócios de iluminação da General Electric podem estar ligados ao desempenho dessa divisão.

A cultura organizacional refere-se aos valores e premissas que são compartilhados entre os funcionários de uma organização. Assim como as sociedades têm culturas, as organizações também as têm. As organizações são sociedades de indivíduos que se reúnem para realizar tarefas coletivas. Elas têm seus próprios padrões distintos de cultura e subcultura.

Por fim, por pessoas entendemos não apenas os funcionários da organização, mas também a estratégia usada para recrutar, compensar, motivar e reter esses indivíduos. Considera-se também quem são em termos de habilidades, valores e orientação – em outras palavras, seu capital humano.

Conforme ilustrado, os vários componentes da Estrutura da organização não são independentes, mas se moldam uns aos outros. Um exemplo óbvio é a estratégia em relação às pessoas. Isso pode ser usado proativamente para contratar indivíduos cujos valores internos são consistentes com aqueles que a empresa deseja enfatizar em sua cultura organizacional. O componente pessoal da Estrutura pode ser usado para reforçar a cultura predominante da organização.

Se uma empresa comercial obtém uma vantagem competitiva e maximiza seu desempenho, deve prestar muita atenção para obter consistência interna entre os diversos componentes de sua Estrutura, e a Estrutura deve apoiar a estratégia e as operações da empresa.

2.2. Ambiente Organizacional

O ambiente organizacional é definido por Daft (2007, p.597) como "todos os elementos que existem fora do limite da organização e têm o potencial de afetá-la como um todo ou sua parte".

O que nos captura para o estudo do ambiente organizacional é a possibilidade de analisar pontos importantes da dinâmica organizacional, tentando planejar as ações para minimizar os impactos do ambiente, cada vez mais complexo.

O ambiente organizacional difere de uma organização para outra, variando de porte e de localização geográfica. Pode ser dividido em externo e interno. O ambiente externo envolve recursos, instituições, tecnologias empregadas, circunstâncias políticas, relacionamentos externos diversos e meio ambiente, por exemplo. Uma empresa que possui filiais em diversas cidades, do próprio país ou do exterior, terá ambientes organizacionais diversos e, por vezes, antagônicos em cada local, daí a necessidade de uma política bem estruturada, além de missão e visão definidas de forma adequada.

O ambiente interno é formado por funcionários próprios, funcionários terceirizados, consultores, todo o ambiente de TI interno, instalações e uma cultura empresarial própria. Tudo que é compreendido pelos lugares físicos da empresa, incluindo filiais.

O ambiente externo é formado pelos ambientes político, econômico, jurídico, cultural, tecnológico, climático, internacional, conforme referenciado na Figura 23.

Figura 23 – Ambiente Organizacional

Fonte: os autores (2020)

O ambiente político

As empresas podem atuar através da participação em associações de classe, federações e confederações, tentando influenciar nas decisões dos ambientes externos.

O ambiente econômico

As organizações são afetadas pelo ambiente econômico nacional ou mundial, tendo que acompanhar indicadores importantes como as taxas de câmbio, os diversos índices de inflação, taxas básicas de juros – SELIC –, indicadores econômicos em geral e administração do PIB que podem constituir boas alternativas para alavancagem dos negócios.

O ambiente legal

Há diversos aspectos legais que influenciam o dia a dia das organizações diretamente, incluindo os funcionários, interessados em geral e a sociedade, tais como normas sociais, legislação tributária, legislação trabalhista, código de defesa do consumidor, normas da vigilância sanitária e outras.

Ambiente da Tecnologia da Informação

Todos os ambientes externos são importantes, mas o Ambiente da Tecnologia da Informação – que também está presente no ambiente interno – é o que precisa ser acompanhado com muita atenção, pois a legislação e as aplicações em geral são muito dinâmicas. O desenvolvimento da TI está tornando a gestão do conhecimento um elemento-chave das empresas e da sociedade.

O ambiente de relações exteriores

Graças à sociedade global, à globalização, qualquer passo dado em algum canto do mundo tem uma repercussão que pode nos atingir imediatamente. O cenário internacional é objeto de uma concorrência sem limites. A concorrência por insumos básicos ocorre em todos os mercados mundo afora. A proximidade com mercados distantes, que não estariam ao nosso alcance, agora pode ser considerada – se não for gerenciada devidamente – como transtorno local.

O meio ambiente

O gerenciamento do meio ambiente é fator preocupante, visto que tem a ver com a nossa sobrevivência. Sendo assim, a degradação do meio ambiente, descarte de material tóxico, utilização de pesticidas para controle das plantações, contaminando regiões agrícolas, erosão do solo, abastecimento de água e destruição da camada de ozônio afetam a todos.

Fontes de incerteza no ambiente organizacional

As organizações precisam ter uma boa oferta de recursos para que possam administrar seus negócios, satisfazendo as partes interessadas.

Os ambientes organizacionais anteriormente mencionados, por sua complexidade, trazem incerteza para as organizações, fazendo com que os responsáveis tenham dificuldade para controlar os negócios. O conjunto de forças que causam tais incertezas e, consequentemente, geram inseguranças, acabam afetando a complexidade, o dinamismo e a riqueza do ambiente onde atuam. À medida que essas forças fazem com que o ambiente se torne mais complexo, menos estável e mais pobre, o nível de incerteza aumentará (ver Figura 24).

Figura 24 - Três Fatores que Causam Incerteza

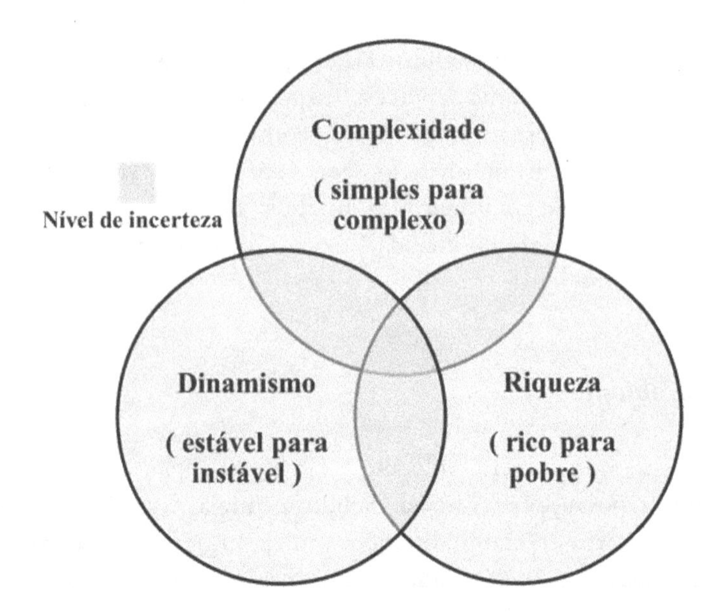

Fonte: adaptado de Jones (2013)

Complexidade

A complexidade do ambiente organizacional é função da disposição, capacidade e interconexão das forças específicas que as empresas precisam gerenciar.

Quanto maior o número de forças e interconexões que a organização deve administrar, mais complexo e incerto é o ambiente onde ela transita.

Jones (2013) cita que a Ford, por exemplo, costumava obter insumos de mais de 3.000 fornecedores diferentes, o que tornava o gerenciamento das unidades absurdamente desgastante e improdutivo. Para reduzir as incertezas resultantes do inter-relacionamento com tantos fornecedores, ela conseguiu – após um programa bem estruturado – diminuir a quantidade de fornecedores para quinhentos. Adquirir as informações necessárias para gerenciar suas relações com os respectivos fornecedores é muito mais fácil do que adquirir informações para gerenciar dez vezes esse número.

Conforme o tempo passa, as empresas podem aumentar a complexidade das suas atividades, se resolvem investir em novos nichos de mercado. Imaginemos que uma rede de lanchonetes resolva competir no mercado de corretagem de seguros, um ramo totalmente novo e diverso do que estava acostumada. Para que isso desse certo, ela precisaria de um aporte imenso de informações a fim de minimizar a incerteza em torno do novo negócio.

Daft (2007) menciona que imaginemos que um grande avanço na tecnologia de fabricação de automóveis torne as fábricas existentes obsoletas. Essa força geral fará com que o preço das ações de uma montadora (como a da Ford) flutue descontroladamente e fará com que os mercados financeiros entrem em turbulência.

Ainda segundo Jones (2013), os fabricantes de automóveis não terão certeza de como o avanço afetará seus negócios, a concorrência entre os rivais aumentará (uma força específica) e tanto a direção geral quanto os sindicatos não saberão qual será o efeito desta situação sobre os empregos e o futuro da organização.

Daft (2007) imagina que, nesse cenário, se os clientes então pararem de comprar automóveis (outra força específica) até que novos modelos elaborados de acordo com essa tecnologia sejam produzidos, o resultado poderá ser demissões e novas quedas no preço das ações da montadora.

Algo deste tipo aconteceu nos anos 2000, quando a GM, a Chrysler e a Ford começaram a perder bilhões de dólares porque não conseguiam reduzir seus custos ou inovar em veículos que combinassem com os de seus concorrentes japoneses.

Para sobreviver, essas montadoras e a United Auto Workers (UAW) negociaram muito para reduzir custos, muito embora tais iniciativas não tenham sido suficientes, pois a GM e a Chrysler foram à falência em 2009. Desde então essas montadoras – após saírem da falência – bem como a Ford, trabalharam duro para fazer novos tipos de veículos de alta qualidade em fábricas flexíveis, indo ao encontro do que os consumidores dos EUA queriam, como carros mais compactos que consumam menos combustíveis.

Quanto mais complexo o ambiente de uma organização, maior a incerteza sobre esse ambiente. Prever e controlar o fluxo de recursos torna-se extremamente difícil, e os problemas associados à gestão de transações com o meio ambiente aumentam. A GM e a Ford enfrentam um futuro altamente desafiador, porque tanto a Honda quanto a Toyota introduziram novos carros híbridos e elétricos avançados em 2011.

2.3. Dinamismo ambiental

O dinamismo do ambiente é função de quanto e quão rapidamente as forças nos ambientes específicos e gerais mudam ao longo do tempo e, portanto, aumentam a incerteza que uma organização enfrenta. Um ambiente é estável se as forças afetarem a oferta de recursos de forma previsível. Um ambiente é instável e dinâmico se uma organização não pode prever a forma como as forças mudarão com o tempo.

De acordo com Child (1972), é o resultado de diversas forças operando ao mesmo tempo. Conforme o dinamismo aumenta, o acesso às informações diminui dificultando as tomadas de decisão.

A tecnologia, por exemplo, muda rapidamente, tornando o ambiente dinâmico. Estes ambientes afetam o cotidiano das empresas que buscam alternativas para torná-los mais previsíveis. As empresas que atuam em ambientes dinâmicos e instáveis buscam maneiras para diminuir as incertezas.

Atualmente, com os grandes mercados distribuídos globalmente, como China, Índia e Europa Oriental, a competição ficou muito acirrada, já que ter acesso aos mercados globais ficou muito mais acessível, trazendo valor para as partes interessadas (*stakeholders*).

Mas, na linha do que afirma Jones (2013), conforme as organizações estão aptas a competir internamente e externamente, o ambiente se torna mais complexo e cada vez mais dinâmico, pois as forças estão sempre em movimento, tornando o ambiente mais difícil de ser gerido e planejado.

2.4. Riqueza ambiental

A riqueza ambiental é uma função da quantidade de recursos disponíveis para dar suporte às estratégias de uma empresa. Em ambientes com muitos recursos, estes são abundantes e não há a necessidade de competir por eles, afinal há muito e para todos.

Daft (2007) exemplifica mencionando que as empresas de biotecnologia situadas em Boston, por exemplo, pois o local conta com diversas universidades, laboratórios e centros de pesquisa, que dispõem de um grande grupo de cientistas. Boston é o território do MIT (Massachusetts Institute of Technology), tem um grande grupo de cientistas de alta qualidade para escolher por causa da presença de muitos centros universitários na região, como o próprio MIT, além da Harvard, Boston University, Boston College, Tufts Medical Center e Brandeis, entre outras.

A quantidade de cientistas de alta qualidade no Brasil, por exemplo, é restrita aos grandes centros. As cidades que se situam no interior do país precisam competir entre si para ter acesso aos grandes centros de pesquisa.

Segundo Jones (2013), os ambientes podem ser pobres por duas razões:

1. Uma organização está localizada em um país pobre ou numa região pobre de um país (que pode ser um país rico, mas com desigualdade de renda entre regiões);
2. Há muita concorrência com poucos recursos disponíveis e as organizações precisam competir arduamente pelos poucos recursos disponíveis.

Nos ambientes pobres, a gestão de transação de recursos fica prejudicada, pois a relação é de um para muitos. Muitos desejam os recursos, que é pouco, e – frequentemente – individual. É comum haver um cientista trabalhando em uma pesquisa (com seus auxiliares), mas somente ele deter o conhecimento.

No momento da aplicação deste conhecimento, restrito a um campo de estudo, por exemplo, ele poderá atender a uma só organização (ou outras que demandem o mesmo tipo de pesquisa). Caso existam outras empresas com outras demandas e estas sejam diferentes da primeira, o suporte ficará prejudicado, pois para atender a estas organizações, e possivelmente mais outras que venham a surgir, precisaríamos de mais pesquisa, mais foco e mais cientistas. Se o ambiente é rico, os recursos são encontrados mais facilmente.

Companhias aéreas experimentam um ambiente altamente incerto, pois há sempre a ameaça da entrada das empresas de baixo custo, com voos mais baratos, com isso podendo pegar a fatia de mercado já consolidada há anos.

O ambiente se tornou mais pobre, pois as companhias precisam lutar para capturar os passageiros (recursos) com preços mais baixos para atraí-los. O ambiente é complexo, pois os concorrentes estão muito interligados. Se uma companhia aérea reduz preços, todas precisam reduzir para proteger o seu ambiente, aumentando a incerteza.

Para complicar ainda mais este ambiente aéreo, há o preço dos combustíveis (gasolina de aviação e outros) junto com as mudanças no cenário econômico, taxa das moedas estrangeiras, poder econômico da população, já que estão todos interconectados, este ambiente está sempre se movendo e é muito sensível às alterações constantes. Uma decisão governamental altera os planos dos possíveis passageiros fazendo com que desistam, por exemplo, das férias com a família no exterior, afetando as companhias aéreas e influenciando negativamente no setor hoteleiro.

Isso tudo dificulta elaborar um plano de contingências. Se o país entra em recessão ou convulsão social, as companhias aéreas têm muito a perder. Mas, segundo Daft (2007), em contraste, o ambiente da indústria farmacêutica é relativamente equilibrado. Pfizer, Bristol-Meyers, Merck, Squibb Merck e outros grandes laboratórios recebem patentes e descobrem novos tratamentos e são os únicos fornecedores dos seus produtos que são patenteados já que, segundo a legislação brasileira, as grandes empresas que inventam medicamentos recebem patentes e são os únicos fornecedores.

O prazo de validade das patentes de medicamentos mailbox no Brasil é limitado a vinte anos, contados da data do depósito do pedido no Instituto Nacional da Propriedade Industrial, o que permite que as empresas farmacêuticas possam cobrar preços mais altos, pois não terão concorrentes, e o público deverá comprar os medicamentos do laboratório detentor da patente.

Corroborando Lopes (2017), os laboratórios farmacêuticos atuam em um ambiente estável e rico, com pouca concorrência que, quando existe, vem através dos medicamentos genéricos – muito bem aceitos pela população no Brasil, por exemplo. Nesta linha, nos EUA, o governo tem usado seu poder de negociação e legislação, forçando as empresas a reduzirem os preços dos medicamentos. Essas medidas aumentam a complexidade do ambiente, trazendo incertezas para as empresas farmacêuticas.

Jones (2013) cita que as empresas desse setor, por sua vez, pressionam o Congresso nos EUA para garantir os seus interesses. Sempre bom lembrar que elas fazem um forte lobby, tanto nos EUA como no Brasil, doando expressivas quantias para os partidos políticos e membros das câmaras, de acordo com as Leis Eleitorais vigentes: as empresas farmacêuticas doam dezenas de milhões para partidos políticos e membros da Câmara e do Senado.

2.5. Teoria da Dependência de Recursos

O conceito da Teoria da Dependência de Recursos, ou RTD (Resource Dependence Theory), ganhou reconhecimento público através do livro *The External Control of Organizations* de Jeffrey Pfeffer e Gerald Salancik (1978), sendo bem aceito nas discussões acadêmicas.

A proposta principal da teoria da dependência de recursos é que as empresas que carecem de recursos deverão obtê-los estabelecendo um relacionamento com outras. Uma situação assim surge quando a organização corre o risco de ficar sem os recursos dos quais necessita e irá estabelecer um acordo formal com outra organização da qual depende (LOPES, 2017).

De acordo com a teoria da dependência de recursos, o objetivo de uma organização é minimizar sua dependência de outras organizações para o fornecimento de recursos escassos em seu ambiente e encontrar maneiras de influenciá-los para garantir os recursos necessários (JONES, 2013).

Essa teoria tem sido frequentemente utilizada para estudar e ajudar as empresas a reduzir a incerteza e a dependência dos influenciadores externos. Ela dá principal apoio para a formação de relacionamentos sem falhas organizacionais, o que por si só não garante a sua manifestação, a sua manutenção e a sua sobrevivência

A sobrevivência das organizações depende da sua habilidade para adquirir recursos críticos do ambiente externo, como competições de mercado, fornecimento de mercadorias, estudos de *benchmark*, informações estratégicas, iniciativas envolvendo pesquisa e desenvolvimento, inovação e, possivelmente, insumos diversos.

A teoria da dependência de recursos parte da hipótese de que as empresas são dependentes do ambiente quando se trata da aquisição de soluções necessárias à sua sobrevivência e desenvolvimento, de acordo com Lopes (2017). A teoria foca no ambiente externo e argumenta que todas as organizações são dependentes de algum elemento desse ambiente. Essa dependência externa é baseada no controle externo de alguns recursos de que a organização necessita.

A administração das relações externas faz com que as empresas estejam dentro do "jogo" político, permitindo que os resultados obtidos com essa simbiose resultem na maximização dos resultados (ALDRICH; PFEFFER, 1976).

Outro ponto importante são as relações interorganizacionais, onde as tomadas de decisão objetivam o monitoramento do ambiente, a fim de que se possa tomar decisões para alcançar ótimos resultados estratégicos (ALDRICH; PFEFFER, 1976).

Aldrich e Pfeffer (1976) assinalam que o ambiente é uma forte influência para as organizações, pois as decisões sugerem que existe uma perspectiva alternativa à institucional, que eles denominaram de Dependência de Recursos. Essa alternativa considera o ambiente como fonte de influência nas organizações, mas de uma maneira diferente.

O ambiente afeta as organizações ao tornar os recursos disponíveis ou não (ROSSETTO; ROSSETTO, 2005) e devem criar uma relação de interdependência complementar, mas não competitiva. Esta dependência de recursos "críticos" e importantes influencia as ações das organizações. As decisões e ações organizacionais podem ser explicadas a partir da situação de dependência específica.

Devem ser elaboradas alianças estratégicas com outras empresas que tenham os insumos necessários para ajudá-las a competir no mercado. Esta captação é função do corpo gerencial, que deve ser capaz de conseguir estabelecer tais alianças.

É importante observar que, no início das atividades colaborativas, a rede geralmente precisa de um sistema formal de Governança e ESG, bem como de gerenciamento.

A premissa básica da perspectiva da Dependência de Recursos é que as decisões são tomadas dentro das organizações, mas atentas ao ambiente externo (ALDRICH; PFEFFER, 1976).

A teoria da dependência de recursos adota uma visão voluntarista quando trata das estratégias das organizações para enfrentar as contingências impostas pelo ambiente, dá ênfase nas decisões e nas ações organizacionais e no monitoramento constante do ambiente.

Também enfatiza a capacidade de o ambiente oferecer os insumos dos quais as organizações necessitam. A perspectiva é na capacidade de fornecimento de recursos escassos do ambiente.

Na Dependência de Recursos, organizações estariam constantemente buscando discricionariedade, entendida aqui como capacidade de ação liberta de regras ou limites impostos e fiscalizados pela sociedade e demais organizações.

De acordo com esta afirmação, a teoria da dependência de recursos tem como enfoque a complexidade, dinamismo e o nível de riqueza dos ambientes onde as organizações atuam. O nível de controle dos recursos indispensáveis dos quais a empresa depende é um fator crucial na abordagem da dependência de recursos.

As empresas que conseguirem encontrar estratégias mais eficazes de desenvolver determinadas atividades em relação a seus concorrentes terão melhor desempenho no seu ramo de negócios. Essa vertente aponta que as organizações desenvolvem, entre suas escolhas estratégicas, formas de atuar perante o ambiente, com intenção de manipulá-lo. Desta forma, as organizações criam demandas de produtos/serviços ou buscam alianças com outras empresas, com o intuito de regrar a concorrência.

Quando as organizações desenvolvem alianças estratégicas, gera uma relação de interdependência que visa obter os recursos das quais necessitam ou a formulação de contratos com outras organizações buscando se prevenir do oportunismo.

A teoria da dependência de recursos busca compreender o relacionamento das organizações e a dependência entre as instituições de forma recíproca. Ela enfatiza a habilidade das organizações de manterem a descrição e autonomia sobre as reservas que surgem ao longo do processo e sobre o direito de controlar e manipular o ambiente de acordo com os objetivos propostos pelas organizações (Rossetto; Rossetto, 2005).

Dada a necessidade de recursos, as organizações buscam relacionamentos com outras para atender a essa necessidade, e a interdependência entre as organizações seria crucial na fase de formação inicial da rede e sua continuidade (Klein; Pereira, 2016). Por isso, nas redes de fabricantes e revendedores, os fabricantes são mais dependentes dos grandes revendedores, pois estes – por seu tamanho – têm mais poder com um provedor de serviços ou fabricante do que os menores.

No jogo de influência, pode ocorrer que os maiores sejam mais influentes no relacionamento com a rede. Ou seja, os recursos destas organizações-chave é que são o sustentáculo da rede, pois o seu abandono do ambiente o torna mais vulnerável.

A rede de alianças estratégicas é geralmente formada por um conselho de administração (composto por um presidente, vice-presidente, secretário e tesoureiro), bem como conselhos fiscais e de ética, que desempenham suas atividades e funções gratuitamente com o auxílio e colaboração de todos os membros. Nesse estágio inicial de formação, a rede é mantida por mecanismos sociais, como reciprocidade, socialização, confiança, comprometimento e reputação das empresas associadas (JONES, 1997 apud KLEIN; PEREIRA, 2016).

Como essa rede normalmente tem poucos membros, qualquer um que não colabore efetivamente para o grupo afetará bastante o desempenho no processo como um todo, daí haver a necessidade de que a abordagem do grupo seja de companheirismo, de maneira que uma companhia seja dependente da outra para que o fluxo de recursos e atividades funcione e que o melhor resultado seja alcançado.

A teoria é comprometida com a estrutura organizacional das empresas, com a admissão e desligamento de pessoal, indicação ou contratação de membros da diretoria, planejamento da operação, sistemas de TI, elaboração de contratos e relacionamentos externos (PFEFFER; SALANCIK, 1978).

Numa rede onde há grandes e pequenas empresas, as menores provavelmente estarão numa grande dependência dos recursos providos pelas maiores. Essa situação pode criar um desbalanceamento de poder que é não é favorável ao gerenciamento da rede como um todo.

O tipo e a quantidade de recursos providos pelas organizações numa rede determinam o seu nível de dependência com outras companhias. Além disso, grandes organizações normalmente têm muitos funcionários e, portanto, maior poder. Terão maior volume de vendas e devem ter uma estratégia de marketing mais elaborada. Pode ser que tenham uma tendência a não serem muito cooperativos na rede.

O modelo de tomada de decisão da perspectiva da dependência de recursos sugere que as organizações são ativas para influenciar seus ambientes, colocando ênfase na maneira pela qual tratam das contingências ambientais, pois cada vez mais enfrentam numerosos desafios, incluindo os de diversos grupos de interesse, como a opinião pública, por exemplo. Segundo os estudiosos, a estabilidade é alcançada através do exercício de poder, controle ou negociação de interdependências para alcançar recursos vitais e reduzir a incerteza ambiental (ROSSETTO; ROSSETTO, 2005).

A cooperação entre organizações em rede permite-lhes realizar ações conjuntas, facilita a solução de problemas comuns e possibilita novas oportunidades que uma organização não seria capaz de alcançar sozinha, principalmente as micro e pequenas empresas.

Uma série de práticas e ações são planejadas para alocar os recursos existentes, atingir objetivos conjuntos e obter vantagens competitivas em uma rede organizacional (KAPUCU; VAN MART, 2006, apud KLEIN; PEREIRA, 2016).

Cunha (1993) e Medeiros & Paiva (2012) apud Lopes (2017, p.807) citam que:

> A expansão da dependência das organizações em relação aos recursos depende de quatro atributos: (1) a influência dos recursos oferecidos por outra empresa; (2) a forma de distribuição dos recursos no ambiente, isso poderá elevar o grau de dificuldade na sua obtenção; (3) existência ou não de monopólio de determinado grupo de organizações sobre os recursos; (4) existência ou falta de recursos/serviços substitutos.

A dependência de recursos se refere às diversas interfaces que as organizações devem estabelecer com o ambiente externo para que consigam sobreviver. Esta é a chave para a sua sobrevivência (ALDRICH; PFEFFER, 1976).

De acordo com Trevisan (2013), o nível de dependência de recursos críticos das empresas acaba influenciando nas ações estratégicas e no processo de tomada de decisões das organizações.

Entre os diversos recursos que as empresas necessitam, podemos citar os de processos de produção e os tecnológicos, financeiros e jurídicos.

Rossetto & Rossetto (2005), Cardenas & Lopes (2006) apud Lopes (2017, p.808) afirmam que:

> As organizações devem traçar estratégias no intuito de captar recursos da forma mais eficiente possível. Como em grande parte os recursos são escassos e de difícil imitação e substituição, acabam levando as empresas a

fazerem alianças estratégicas. Portanto, quando uma empresa necessita de determinado recurso para sua produção ou operação no mercado, existem algumas maneiras de consegui-lo: produzindo-o, buscando-o no mercado ou conseguindo por meio de alianças estratégicas com organizações que detêm esses recursos, por exemplo.

De acordo com Motta e Vasconcelos (2015), a título de exemplificação dessa relação entre organizações, há uma simbiose entre clientes e fornecedores quando o produto de uma empresa for a matéria-prima de outra.

O gerenciamento das interdependências pode ser simbiótico (no caso de diferentes recursos para diferentes organizações) ou competitivo (quando competem entre si por recursos). As organizações com fins lucrativos dependem dos clientes e estes, como sabemos, são inconstantes e podem mudar para produtos concorrentes em um piscar de olhos.

Para garantir a sua sobrevivência, as empresas precisam montar estratégias interorganizacionais para administrar essa interdependência de recursos em seu ambiente organizacional. Tais interdependências garantem que as organizações possam ampliar suas áreas de atuação, portanto devem negociar com fornecedores, sindicatos, governo e estar sempre se relacionando com os consumidores.

2.6. Gerenciamento das interdependências simbióticas de recursos

As interdependências são simbióticas quando a saída do processo é a entrada para outro processo. Um exemplo simples: se temos uma empresa que faça extração de suco de laranja, o produto deste processo é o suco de laranja que, por sua vez, será a entrada para o processo de empacotamento de sucos de laranja em embalagens comercializáveis.

As interdependências simbióticas acontecem entre empresas e seus fornecedores e com distribuidores. Daft (2007), mais uma vez, menciona que sempre que uma organização se envolve em uma relação interorganizacional, precisa fazer o balanço entre a sua necessidade da dependência de recursos e a perda de autonomia/liberdade de escolha que resultará desta ligação.

Lego Ideas é um exemplo interessante de como uma marca pode colaborar com a comunidade para alimentar a inovação e ideias para novos produtos, que faz com que a comunidade sinta que foram parceiras na sua criação. Essa relação simbiótica, de acordo com a Figura 25, beneficia tanto a marca quanto o consumidor.

Figura 25 - Estratégias Para Gerenciar Interdependências Simbióticas

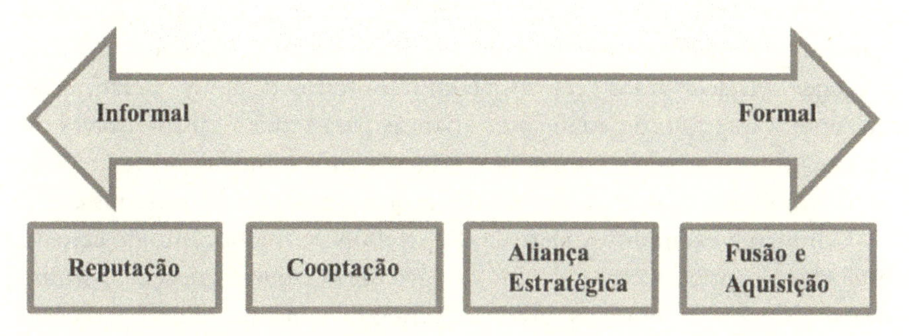

Fonte: os autores (2020) baseado em Jones (2013)

Jones (2013) traça uma linha de raciocínio que vai desde as estratégias formais até as mais radicais, como fusões e aquisições para o gerenciamento eficaz das relações. Igualmente, cita que a maneira menos formal é desenvolver uma reputação, onde a empresa seja reconhecida por seus pares, fornecedores e clientes como sendo uma organização de bons princípios graças as suas práticas comerciais corretas e honestas – por exemplo mantendo os fornecedores em dia e fornecendo produtos e serviços de alta qualidade.

Se uma montadora de automóveis tiver uma reputação de oferecer automóveis de qualidade com processos de pós-venda reconhecidos como excelentes e ótimos atendimentos aos clientes, os proprietários sempre que precisarem de manutenção, por exemplo, levarão os seus veículos para lá, observando que reputação e confiança são os mecanismos mais comuns para administrar as interdependências simbióticas.

Cooptação é uma estratégia que visa neutralizar os possíveis problemas, cooptando os oponentes, trazendo-os para o seu lado, dando-lhes uma participação ou oferecendo facilidades que façam com que os seus interesses possam ser satisfeitos. Jones (2013) dá o exemplo das empresas farmacêuticas que cooptam os médicos oferecendo amostras grátis e/ou patrocínio em eventos, como conferências médicas, podendo até veicular informações em revistas médicas. Os médicos se tornam simpáticos aos interesses dessas organizações, pois acabam sendo comuns a ambos. A cooptação é uma importante ferramenta política.

Já uma aliança estratégica é um acordo entre duas ou mais companhias para compartilhar seus recursos e desenvolver novas oportunidades de negócios conjuntas conforme a incerteza aumenta. Em geral, à medida que isso acontece, as organizações escolhem alianças mais formais para proteger seu acesso aos recursos, como contratos de longo prazo, criados com a intenção de estabelecer alianças para reduzir custos através do compartilhamento do risco em pesquisa e desenvolvimento, estratégias de marketing, gerenciamento de grandes projetos e atividades próximas.

Conforme exemplifica Daft (2007), Kellogg's, o fabricante de cereais, estabelece contratos escritos com os agricultores que fornecem o milho e arroz de que a empresa precisa. Kellogg's concorda em pagar certo preço para esses fornecedores, independentemente do preço que tenham alcançado no mercado (para cima ou para baixo, já que os produtos são commodities). Ambos os lados ganham mesmo tendo uma boa dose de imprevisibilidade no acordo.

Outra forma de aliança estratégica são as redes de organizações, os *clusters*, como a Nike e outras organizações, que estabelecem redes para construir relacionamentos de longo prazo com fornecedores, distribuidores e clientes para impedir que a organização "núcleo" se torne muito grande ou burocrática.

De acordo com Jones (2013), o objetivo da organização que criou a rede é compartilhar sua fabricação, marketing ou Pesquisa e Desenvolvimento com seus parceiros para permitir que eles se tornem mais eficientes, bem como ajudá-los a reduzir seus custos ou aumentar a qualidade do produto. Já uma aliança realmente formal é formada quando uma organização funde ou assume um fornecedor ou distribuidor, pois neste caso as trocas de recursos acontecem dentro e não entre as organizações.

Nestes casos, empresas não ficam mais reféns de um fornecedor com mais poder, que pode querer impor um preço mais alto pelos seus produtos, ou de um cliente poderoso, que tente reduzir o preço dos produtos oferecidos. Daft (2007) exemplifica que o McDonald's possui vastas fazendas pelo mundo, onde cria gado de baixo custo para seus hambúrgueres. A Alcoa gerencia grande parte do fornecimento mundial de minério de alumínio e domina a indústria global de alumínio há décadas.

A incorporação de outras organizações é um processo extremamente custoso, que envolve inclusive problemas de gestão e assimilação de novas culturas nos novos negócios. Um fornecedor ou distribuidor apenas assume outras empresas quando tem uma necessidade muito grande de obter um recurso crucial ou administrar uma interdependência importante e que não pode ser solucionada em forma de alianças, por exemplo.

2.7. Gerenciamento das interdependências competitivas de recursos

Interdependências competitivas acontecem entre organizações que competem por insumos e com saídas escassas. Jones (2013) cita que HP e Dell são exemplos dessa interdependência, por estarem competindo por clientes para seus desktops, tablets. Por sua vez, são entradas para as interdependências simbióticas com a Intel, que produz os microchips utilizados em seus produtos.

Ainda de acordo com o autor, imagine que a HP, para proteger seu futuro fornecimento de chips, assine um contrato com a Intel concordando em usar apenas chips Intel e, em seguida, surja um novo fabricante de chips mais barato e com capacidade maior. Como fica? O contrato com a Intel obriga a HP a pagar por preços mais altos, mesmo que isso não seja do interesse da HP.

Em determinados segmentos, os recursos são escassos e a concorrência é muito grande. Temos um exemplo no setor da telefonia: a telefonia fixa, que era o padrão para todos, foi perdendo espaço nos últimos tempos, com a abertura do mercado, a entrada de novas empresas e as novas tecnologias. Assim, teve que baixar os preços dos seus produtos para poder competir com os novos entrantes.

As empresas de telefonia sem fio, no entanto, passaram a concorrer tanto com as de telefonia fixa quanto entre si. Nesse último caso, precisaram diminuir seus preços para atender aos mercados com serviços cada vez melhores. Quanto maior o nível de concorrência, maior a probabilidade de algumas empresas serem assimiladas por outras ou desaparecerem, procurarem outros mercados ou falirem, conforme visto na Figura 26.

Figura 26 – Estratégias Para Gerenciar Interdependências Competitivas

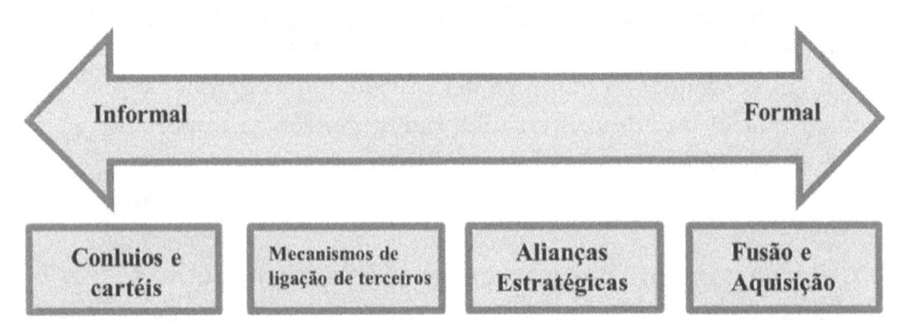

Fonte: os autores (2020) baseados em Jones (2013)

A Figura 26 mostra, segundo Jones (2013), que há quatro estratégias possíveis para gerenciar interdependências competitivas, indo da informalidade até a formalidade. Em 2009, as fabricantes de LCD LG, Sharp e Chunghwa se declararam culpadas de conspirar para aumentar o preço dos displays LCD comprados pela Apple, Dell e Motorola, e foram multadas em mais de US$ 585 milhões.

No ponto mais informal das estratégias, encontramos os Conluios e Cartéis. Conluio é um acordo secreto entre concorrentes para compartilhar informações com um objetivo escuso. Este tipo de "acordo" pode aparecer em licitações na modalidade da tomada de preços, por exemplo, onde as organizações concorrentes combinam os preços para que uma delas, que pertence ao grupo, possa vencer a licitação e ganhar a concorrência. Neste caso, o evento é administrado pela empresa ganhadora, que distribuirá parte do seu faturamento para as concorrentes.

Já o Cartel é uma associação onde duas ou mais empresas do mesmo setor se reúnem para coordenar suas atividades e determinar os seus preços. Geralmente essas empresas, em comum acordo, diminuem as suas produções para que o preço no mercado seja maior, devido à grande demanda e pouca oferta.

Esta é uma prática ilegal no Brasil e em diversos outros países, pois os consumidores perdem ao pagar preços inflacionados. Conforme cita Daft

(2007), as empresas podem conspirar e formar um cartel sem um acordo formal, indicando as suas intenções através de declarações públicas sobre a sua suposta estratégia empresarial no futuro.

As companhias podem anunciar reajustes de preços e observar a movimentação dos seus rivais e eles vão igualar esses reajustes. É comum no setor aéreo, como no caso da cobrança no despacho de malas ou a limitação do peso máximo a ser transportado por cada passageiro, mas se houver uma companhia aérea que se recuse a participar deste esquema de preços de passagens – como a Southwest nos EUA –, isso faz com que os preços dos concorrentes voltem aos seus níveis anteriores.

Outra estratégia, menos informal, é a Vinculação com Terceiros, por exemplo, com associações comerciais e organizações externas, onde os concorrentes se reúnem, permitindo que as atividades das empresas a eles filiadas possam compartilhar informações.

A próxima aliança é a Estratégica. As Alianças Estratégicas são utilizadas tanto para gerenciar interdependências simbióticas quanto alianças competitivas. Conforme visto, os concorrentes podem cooperar para atuarem juntos num empreendimento conjunto (*joint venture*), a fim de desenvolverem novas tecnologias, novos produtos e, com isso, trazerem economia para os seus processos.

No caso das alianças competitivas, elas podem ser utilizadas para deter a entrada de novos concorrentes no mercado. Um caso clássico é o da Philips e a Bang & Olufsen – empresa dinamarquesa que projeta produtos de áudio e televisores de alta qualidade que estabeleceram um acordo para compartilhar suas habilidades de design para competirem com a Sony e Panasonic.

A estratégia mais formal entre as apresentadas é a de Fusões e Aquisições, muito utilizada por bancos. Por exemplo, o Banco Real, que foi adquirido pelo ABN Amro-Bank. Posteriormente, este banco foi adquirido por um consórcio comprado pelo Santander, tornando-se, também, Santander; o Bilbao Vizcaya Argentaria (BBVA), que foi comprado pelo Bradesco, ou o Citibank, cujas operações de varejo foram compradas pelo Itaú Unibanco, fruto da fusão entre o Itaú e o Unibanco. No Brasil, todas as fusões e aquisições precisam passar pelo Cade, Agência Reguladora do Estado, que tem como função principal fiscalizar e apurar abusos de poder econômico. Suas atividades visam analisar operações que possam produzir efeito de integração econômica entre empresas concorrentes ou potenciais concorrentes entre si.

2.8. Teoria dos Custos de Transação

A Teoria econômica dos Custos de Transação (TCE – Transaction Cost Economics) surgiu a partir dos estudos de Coase (1937), *The Nature of the Firm*, no qual descreveu mercados e hierarquias como estruturas de Governança e ESG alternativas. Essa teoria foi posteriormente reformulada na década de 1940 por Oliver Williamson e outros, considerando que as organizações, estabelecendo o oportunismo como base sutil e generalizada da espécie humana, estabelecem relações interorganizacionais (Lopes, 2017).

A TCE foi inicialmente desenvolvida como uma teoria positivista para explicar os limites de uma empresa e, recentemente, tem sido utilizada para explicar as práticas gerenciais entre empresas (Ghoshal; Moran, 1996). Foi e continua a ser refinada e reformulada, corrigida e expandida, em resposta a novos incrementos teóricos e baseados na experiência.

A questão central da teoria dos custos de transação é analisar se uma transação é realizada de forma mais eficiente dentro da empresa (integração vertical) ou fora dela (Governança e ESG de mercado).

Como a maioria das teorias influentes, a teoria dos custos de transação não foi totalmente desenvolvida no início, continuando a ser depurada, refeita e melhorada, observando os novos desenvolvimentos. Ghoshal e Moran (1996) fazem uma analogia entre a TCE e a história dos dois andarilhos que estavam dormindo, à noite, e acordaram com um tigre vindo em sua direção. Imediatamente um dos dois calçou seus tênis de corrida, sendo interpelado por seu parceiro, que lhe disse que o tigre, sem dúvida, o alcançaria mesmo correndo a valer.

O andarilho então respondeu que não estava se preparando para correr mais do que o tigre e sim correr mais do que o colega. Sobrevivência dos mais capazes, e, consequentemente, a necessidade de ser o mais apto: esta seria a moral da história.

De acordo com Ghoshal e Moran (1996), esta história apresenta um conjunto de suposições que vêm ao encontro da TCE. A primeira tem a ver com a natureza humana, onde o corredor tem um comportamento oportunista, pois poderia ter acendido uma fogueira ou subido em árvore, junto com seu colega, mas preferiu correr mais rápido, deixando-o à mercê do tigre. A segunda suposição seria o requisito para o sucesso, onde o que importou foi a velocidade na corrida, que era o ponto forte do tigre.

Em um mundo de tigres e de andarilhos, considerando estas duas suposições, tigres – sem dúvida – prevaleceriam. Mesmo que um andarilho sobrevivesse ao primeiro encontro, correndo mais que o seu "parceiro", ele poderia sucumbir em outros encontros subsequentes com outros tigres e com outros parceiros, ou até se corresse sozinho.

Segundo Ghoshal e Moran (1996), de acordo com a TCE, as organizações existem por causa das suas habilidades. Willianson (1993) indica que a competição entre organizações e mercados podem ser estruturadas, mesmo assim, podem chegar a consequências infelizes para alguém (como no caso mencionado: um andarilho ficou para trás). Esse jogo entre organizações tende a se tornar um ciclo que pode levar à insolvência de umas empresas em detrimento de outras, abandonando a sua razão de ser.

Todas as teorias de ciência social aplicada às organizações são também teorias normativas, intencionais ou não, e as implicações da TCE são inevitáveis. Com efeito, TCE oferece estrategicamente um conjunto de regras normativas para escolher entre diversos arranjos de Governança e ESG. Uma vez que estas escolhas são determinantes, importantes para a desempenho da empresa, o corpo diretivo deve estar preparado para guardar estas regras e o fator "Custo de Transação" nas tomadas de decisão (Ghoshal; Moran, 1996).

2.9. Economia dos custos de transação

A teoria do TCE deriva das análises dos impactos econômicos, uma vez que a dinâmica entre organizações tem sido frequente (movimentações organizacionais como fusões, aquisições, incorporações, por exemplo), com isso aumentando os custos de transação.

De acordo com a teoria dos custos de transação, o objetivo da organização é minimizar os custos de troca de recursos no ambiente e os custos de gestão de trocas dentro da organização.

As organizações interagem umas com as outras para obter os recursos necessários, e têm que controlar essas interdependências simbióticas e competitivas. De acordo com a teoria da dependência de recursos, elas tentam obter o controle dos recursos e minimizar sua dependência de outras organizações.

Cada unidade monetária ou unidade de tempo de um gestor gastas na negociação ou monitoramento de trocas com outras organizações, ou com gestores dentro de uma organização, é algo que não está sendo usado para criar valor.

As organizações tentam minimizar os custos de transação e os custos burocráticos, porque eles desviam a capacidade produtiva. Igualmente, tentam encontrar mecanismos que tornem as transações interorganizacionais relativamente mais eficientes (JONES, 2013).

A teoria dos custos de transação tem como presunção as relações de troca entre as organizações e os demais agentes do ambiente. Um dos pressupostos da TCE é que existem custos para gerenciar as transações econômicas do mercado e que, por isso, o principal desafio das organizações é minimizar os custos transacionais nas trocas de recursos com meio ambiente e com outras organizações, economizando assim tempo e recursos (LOPES, 2017).

Essa teoria é crucial para o processo de tomada de decisão, uma vez que as instituições são permeadas, tanto interna quanto externamente, pelas relações de trocas entre os agentes econômicos, sejam eles indivíduos ou firmas. Em um ambiente em que se exige um grau de especialização forte e uma divisão do trabalho racional, no qual a transação é o ponto central, a redução da transação incentiva à cooperação e atenua o oportunismo, aumentando os mecanismos de produção de forma eficiente (SCHLABITZ, 2008). A teoria dos custos de transação vê as organizações como uma composição de Governança e ESG, considerando o mecanismo de minimização dos custos de transação.

De acordo com Lopes (2017), as empresas precisam delinear uma estratégia de contingência objetivando proteger-se perante os possíveis oportunismos e incertezas, reduzindo ao máximo os riscos e os custos de transação através de contratos bem estruturados, garantias, seguros e estabelecendo preços mais altos.

Daí, as organizações conseguem proporcionar maiores garantias e, dessa forma, antecipação aos eventos futuros. No entanto, os contratos por mais detalhados e completos, dificilmente poderão antever quaisquer possibilidades de que alguma coisa não prevista venha a acontecer.

Os tipos de contratos podem ser formais e detalhados, ou implícitos, como no caso de alianças informais.

Os executivos contemporâneos afirmam que quanto mais incerto se estruturar o ambiente, maior será o grau de vulnerabilidade das organizações na constituição de trocas. Consequentemente, maiores esforços serão direcionados para controlar a incerteza através dos contratos.

Os custos de transação aumentam exponencialmente de acordo com a necessidade de se obter informações para servir de base para as negociações.

Há diversos tipos de alianças estratégicas que podem ser desenvolvidas pelas empresas, tais como terceirização de operações, fusões e aquisições implicando em diferentes custos de transação e formas de controle entre estas transações e as empresas envolvidas (LOPES, 2017). Esse mecanismo provoca a crescente necessidade de obter informações, base de negociação e desenvolvimento de controle, aumentando de modo substancial os custos de transação.

As organizações podem desenvolver diversos mecanismos de alianças estratégicas, conforme explicam Cavalcanti et al. (2002 apud LOPES, 2017), bem como estratégias como terceirização de bens e serviços, fusões e aquisições, entre outros diferentes tipos de contratos, que implicam em diferentes tipos de custos de transação – fornecendo também controles maiores ou menores de uma organização sobre outra.

A TCE busca compreender a dúvida entre internalizar ou terceirizar determinados meios de produção, considerando três fatores: a incerteza e dificuldade de mensurar a transação; a frequência com que ocorrem essas transações; e a especificidade dos bens ou serviços transacionados (KATO; MARGARIDO, 2000; GUERALDI, 2006).

Conforme citam Kato e Margarido (2000) e Gueraldi (2006) apud Lopes (2017, p.810):

> A teoria econômica dos custos de transação está alicerçada em dois pilares: suposições comportamentais (racionalidade limitada, contratos incompletos e oportunismo) e nas características básicas que sustentam as transações (especificidade dos ativos). Nesse sentido, a teoria dos custos de transação busca compreender a dúvida entre internalizar ou terceirizar determinados meios de produção considerando três fatores: a incerteza e

dificuldade de mensurar a transação; o nível de frequência com que ocorrem essas transações; e a especificidade dos bens ou serviços transacionados.

Os envolvidos são considerados "limitadamente racionais" e "neutros ao risco", e pelo menos alguns atores são considerados "oportunistas". O pressuposto, a priori, da teoria dos custos de transação é que a Governança e ESG do mercado são mais eficientes do que a integração vertical, devido aos benefícios da concorrência. As transações dentro de empresas integradas podem ser isoladas da pressão da concorrência e sujeitas a fenômenos burocráticos.

No entanto, certas dimensões das transações aumentam os custos de transação e se combinam para criar "falha de mercado", tornando a integração vertical mais eficiente do que a Governança e ESG. Essas dimensões são a especificidade dos ativos, a incerteza e a frequência de transação. Segundo a teoria dos custos de transação, a organização econômica é um esforço para "alinhar as transações, que diferem em seus atributos, com estruturas de Governança e ESG, que diferem em seus custos e competências.

De acordo com a teoria dos custos de transação, a organização econômica é um esforço para alinhar as transações – que diferem em seus atributos –, com estruturas de Governança e ESG – que se diferenciam em seus custos e competências –, de forma discriminatória (principalmente, economizando custos de transação). O nível elevado de autoridade está relacionado com a estrutura de Governança e ESG, adotada para monitorar e fiscalizar o relacionamento e os custos de transação estabelecidos. Ativos específicos de transação são aqueles ajustados para uma transação particular e que não podem ser facilmente redistribuídos fora do relacionamento das partes com a transação. Sua natureza peculiar dá origem a um problema de salvaguarda porque a competição de mercado não restringirá a exploração oportunista.

A solução para esse problema, identificado na teoria dos custos de transação, é a integração vertical. Em contraste com os mercados, os relacionamentos de autoridade e os procedimentos de controle hierárquico disponíveis por meio da integração vertical incorporam maiores capacidades de proteção.

De acordo com Lopes (2017) há dois pilares que servem de suporte para a teoria econômica dos custos de transação: pilares comportamentais, compostos por uma racionalidade limitada e/ou contratos incompletos, e os pilares básicos que suportam as transações. A ausência de preocupação com os fatores sociais e com as estruturas sociais dos processos na cadeia produtiva de distribuição leva a um modelo simplificado da realidade.

A teoria dos custos de transação observa que compete aos agentes econômicos a escolha da estrutura adequada de mercados ou hierarquia, a fim de que os agentes envolvidos no processo tenham poucas dificuldades. Na teoria dos custos de transação, a não consideração dos fatores sociais e das estruturas sociais dos processos da cadeia produtiva de distribuição e consumo organizacionais cria um modelo altamente abstrato e simplificado da realidade.

2.10. Comparação entre teoria da dependência de recursos e teoria dos custos de transação

Comparando a teoria da dependência de recursos e a teoria dos custos de transação vemos que quanto maior for a dependência de uma organização quanto aos recursos oferecidos por outra (como na relação cliente-fornecedor) maior será o controle que essa organização precisará manter a fim de tentar minimizar a incerteza e o nível de dependência (Cardenas; Lopes, 2006). Os altos custos de transação são uma consequência da ingerência do controle de uma empresa sobre a outra com o objetivo de reduzir as incertezas (Lopes, 2017).

Assim, quanto maior for o grau de controle que uma organização procurará exercer sobre outra para reduzir a incerteza, maiores serão os custos de transação envolvidos na operação (Rossetto; Rossetto, 2005).

Ainda de acordo com Lopes (2017), as relações interorganizacionais são a base das teorias de dependência de recursos e dos custos de transação, pois ambas proporcionam uma visão convergente para a compreensão do dinamismo que envolve as relações organizacionais.

As previsões da teoria da dependência de recursos são similares às da economia dos custos de transação. As duas correntes teóricas são divergentes em virtude do seu foco de análise: enquanto a perspectiva da dependência de recursos reconhece os efeitos do ambiente no desempenho organizacional, a teoria dos custos de transação tem como base de análise as transações econômicas realizada pelas organizações.

A teoria dos custos de transação ressalta que compete aos agentes econômicos a escolha da estrutura adequada de mercados (mercado ou hierarquia), que devem levar em consideração a minimização das dificuldades transacionais geradas pela racionalidade limitada e o oportunismo dos agentes envolvidos.

A correlação entre as duas teorias destaca que, quanto maior for o grau de dependência dos recursos oferecidos de uma organização por outra, maior será o controle que essa organização exercerá sobre a empresa dependente de recursos, com o intuito de minimizar a incerteza e o nível de dependência.

A dependência de recursos reconhece os efeitos do ambiente no desempenho organizacional e a teoria dos custos de transação tem como base de análise as ligações econômicas efetivadas pelas organizações.

Ao mesmo tempo em que a teoria da dependência de recursos aponta convergências e divergências com a perspectiva dos custos de transação, tendo como análise construtos teóricos diferentes, nota-se que os teóricos de cada uma tendem a mover-se juntos quando reconhecem as relações interorganizacionais.

Em síntese, as duas perspectivas proporcionam uma visão convergente para a compreensão do dinamismo que envolve essas relações. Motta e Vasconcelos (2015) afirmam que as duas correntes teóricas privilegiam o grupo organizacional como base de análise e que esses pressupostos compartilhados devem ser estudados para o total entendimento das relações organizacionais.

A perspectiva da dependência de recursos diverge da teoria dos custos de transação quando não considera os custos envolvidos numa operação de mercado. Apesar do exposto, observa-se que a relação entre a perspectiva da dependência dos recursos e custos de transação se estabelece no melhor caminho para uma possível explicação do dinamismo das relações interorganizacionais.

Assim, quanto maior for o grau de controle que uma organização procurará exercer sobre outra, para reduzir a incerteza, maiores serão os custos de transação envolvidos na operação.

Diante disso, abordaremos os respectivos desenhos organizacionais, que serão vistos no próximo capítulo, e suas decorrentes estruturas principais, funcional, divisional, matricial, híbrida, horizontal e consequentemente, reconhecer os diferentes desenhos organizacionais e diferenciar os prós e contras de cada estrutura organizacional.

Capítulo 3

Desenhos Organizacionais

O design organizacional é responsável pela estruturação ordenada e sinérgica das várias unidades orgânicas de uma organização, sobre seus elementos e sobre como uma instituição pode ser organizada. Além disso, é um elemento administrativo responsável pela estruturação ordenada e sinérgica das várias unidades institucionais e fornece condições racionais ideais para que possa operar no dia a dia.

Consequentemente, abordaremos neste capítulo as transformações organizacionais decorrentes desses desenhos organizacionais, identificando as características de cada etapa do ciclo de vida da organização e formulando estratégias viáveis para cada etapa do ciclo de vida da organização. Reconheceremos diferentes designs organizacionais e distinguiremos as vantagens e desvantagens de cada estrutura organizacional.

3.1. Estruturas organizacionais

Quanto às estruturas organizacionais, restrições externas podem ser entendidas como as variáveis do ambiente da empresa sobre as quais não há controle: ameaças e/ou oportunidades do tipo econômico, político, jurídico, social, ambiental, de mercado, entre outros.

Enquanto isso, os componentes internos são variáveis da inferência da empresa, sobre as quais tem controle para decidir: níveis hierárquicos, amplitude de mãos, descentralização/centralização, comunicação, entre outros. Em consonância, Oliveira (2016) corrobora quanto às estruturas organizacionais quando menciona que as organizações brasileiras não aproveitam as vantagens de se utilizar eficientemente a otimização da estrutura organizacional:

> Portanto, na prática, o que se observa é que a maioria das empresas não utiliza, na plenitude, todo o arcabouço de benefícios de uma otimizada estrutura organizacional, provocando, inclusive, problemas para a adequada utilização de outros instrumentos administrativos – produtividade, qualidade, avaliação de desempenho, análise da capacitação, logística etc. – pelas empresas, dentro de uma abordagem sistêmica e interativa (Oliveira, 2016, p. xlx, prefácio da 3ª. Edição).

Assim, estenderíamos a consequência negativa dessa possível baixa maturidade também para as necessárias boas práticas de Governança e ESG. Neste aspecto, existem possíveis três elementos centrais a serem definidos e elaborados quando se deseja projetar ou redesenhar uma instituição, geral ou parcialmente:

- Definir o modelo organizacional mais adequado;
- Refletir o referido modelo em um gráfico chamado organograma, como exemplificado na Figura 27;
- Preparar manuais organizacionais que incluam as explicações detalhadas necessárias, a fim de entender como a organização opera.

Com essa intenção, é essencial uma análise exaustiva dos determinantes exógenos e componentes internos que contribuirão para o perfil do design organizacional a ser construído, dentro da Governança e ESG, conforme demonstra a Figura 27.

Figura 27 – Elementos Exógenos e Internos da Estrutura da Governança e ESG

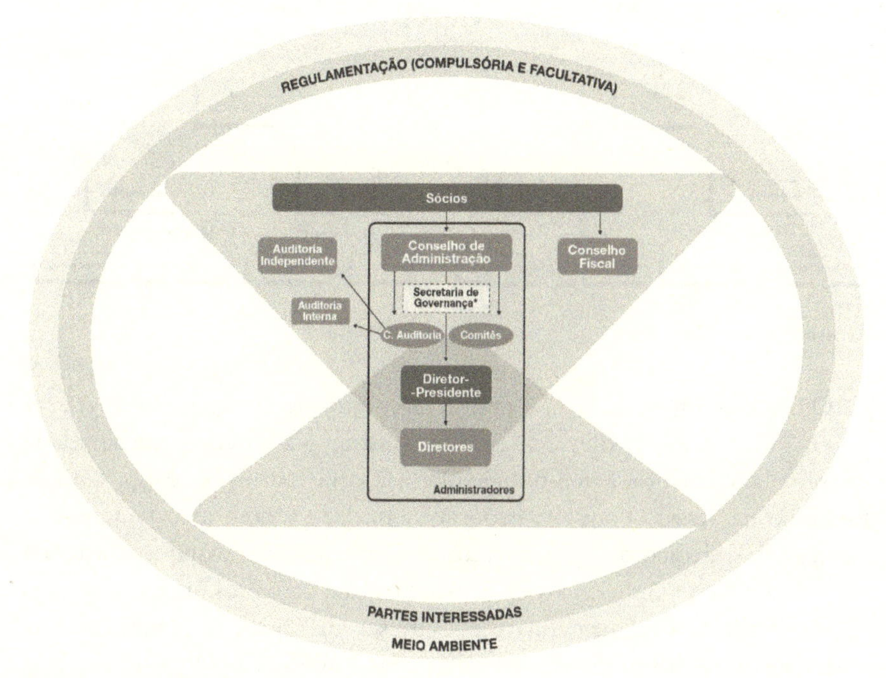

Fonte: os autores (2020) adaptado de Ercolin, 2018

Por outro prisma, não menos importante, o design organizacional, representado na Figura 28, tornou-se um fator de vantagem competitiva para as empresas, e exige que seja elaborado profissionalmente, com fundamentos teóricos e metodologias práticas para geração de valor, conforme abordaremos no quarto capítulo, considerando-se o respectivo ciclo de vida organizacional: o nascimento e crescimento das organizações e seu consequente declínio e morte.

Figura 28 - Gráfico: Organograma Tradicional

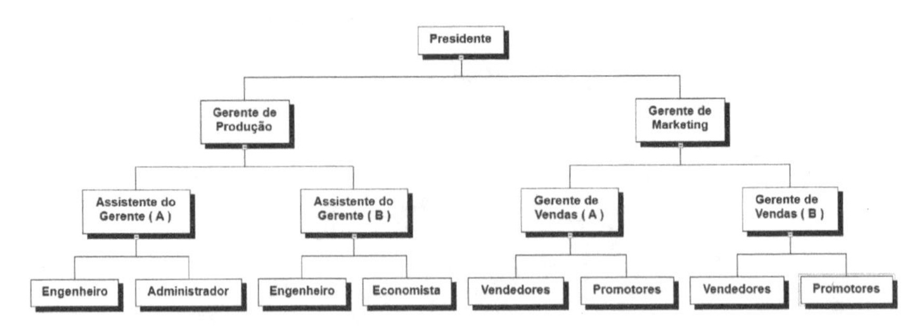

Fonte: os autores (2020)

O modelo organizacional é a opção escolhida pela própria empresa para poder aplicar e desenvolver, na prática, a estratégia previamente acordada em seu planejamento. É o modo de operação que permite que esse modelo funcione de acordo com sua própria identidade e com as características de negócios, de acordo com Barreto e Saraiva (2017), quando abordam a necessidade de reconhecer os tipos principais de desenhos organizacionais.

Os modelos organizacionais podem ser divididos ou nomeados de várias formas, utilizando-se nomenclaturas e sinônimos. Porém, de uma maneira geral, a Estrutura organizacional, à luz da Governança e ESG, pode classificar as principais estruturas em funcional, divisional, matricial, híbrida e horizontal.

Dentro dessas variadas estruturas, o organograma é uma ferramenta adequada para demonstrar a Estrutura organizacional de uma empresa. Devem ser considerados vários requisitos, tais como:

- Localizar cada unidade orgânica de acordo com o papel que ela desempenha na organização da empresa;
- Elencar uma unidade de gerenciamento, linha, suporte, assessoria, controle ou consultoria;
- Considerar o tipo de informação a ser escrita dentro de cada unidade orgânica;
- Escolher o tipo de figura ou forma, tais como vertical, horizontal, circular, semicircular, radial, dobrada, entre outras.

Em complemento aos organogramas, os manuais organizacionais são documentos escritos que definem detalhadamente cada unidade orgânica contemplada no organograma em termos de funções, processos, procedimentos e/ou instruções a serem cumpridas de acordo com os protocolos estabelecidos pela própria empresa. A importância dos manuais pode ser avaliada de duas maneiras:

- A primeira, do ponto de vista jurídico, uma vez que, com base no cumprimento ou não do disposto em suas páginas, eles podem servir como evidência que permite à empresa apoiar demissões de funcionários ou, pelo outro lado, permitem que o funcionário se defenda das injustiças que possam ser cometidas contra ele;
- A segunda, do ponto de vista organizacional, contribui para a padronização ou normalização de funções, processos e/ou atividades, para que cada trabalhador atue de acordo com as disposições dos protocolos nele estabelecidos e não de acordo com o que pessoalmente acredita que é o melhor.

Quanto à importância desses manuais e estruturas organizacionais, e o consequente grau de ponderação na gestão e engajamento dos recursos, Bergue (2011) ressalta que: "o critério de Estrutura organizacional adotado tem impacto significativo na gestão, pois determinam a natureza e o nível de intensidade da relação entre as pessoas".

Ora, esse nível de engajamento dos recursos é fundamental e um fator primordial de vantagem competitiva para as empresas, razão pela qual se exige que as estruturas organizacionais sejam elaboradas profissionalmente com fundamentos teóricos e metodologias práticas que possam vir a gerar valor. Em seguida, procuraremos reconhecer os diferentes desenhos organizacionais e diferenciar os prós e contras de cada estrutura organizacional, iniciando pela estrutura funcional.

3.1.1. Estrutura funcional

A organização funcional, ou "por funções", reúne, em um departamento, todos os que se dedicam a uma atividade ou a várias atividades relacionadas, denominadas funções, de acordo com a Figura 29.

Figura 29 - Organograma funcional

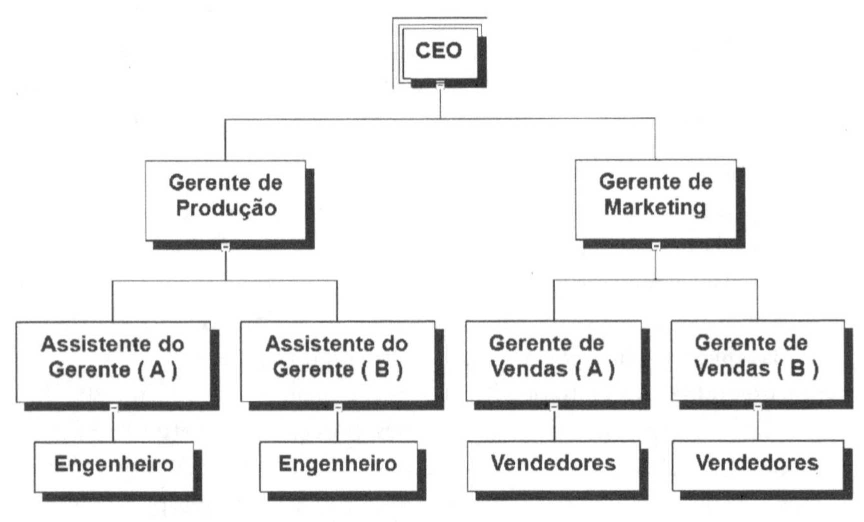

Fonte: os autores (2020)

Tal característica salientada nos leva à afirmação de que a organização funcional pode ser considerada a forma mais lógica e básica de departamentalização quanto à Governança e ESG e os seus desdobramentos na Estrutura Organizacional.

É usado principalmente por pequenas empresas que oferecem uma linha limitada de produtos porque faz uso eficiente de produtos especializados. Neste tipo de estrutura, a Governança e ESG, quando presente, aparece como uma caixa isolada, ao lado da representação do CEO. Na sequência, abordaremos as estruturas por divisões, ou divisionais.

3.1.2. Estrutura divisional

A organização do produto/mercado, geralmente chamada de organização da divisão ou divisional, reúne em uma unidade de trabalho todos os envolvidos na produção e comercialização de produtos, todos aqueles em uma determinada área geográfica e todos aqueles que lidam com um determinado tipo cliente, conforme Figura 30.

Figura 30 - Estrutura Organizacional Divisional

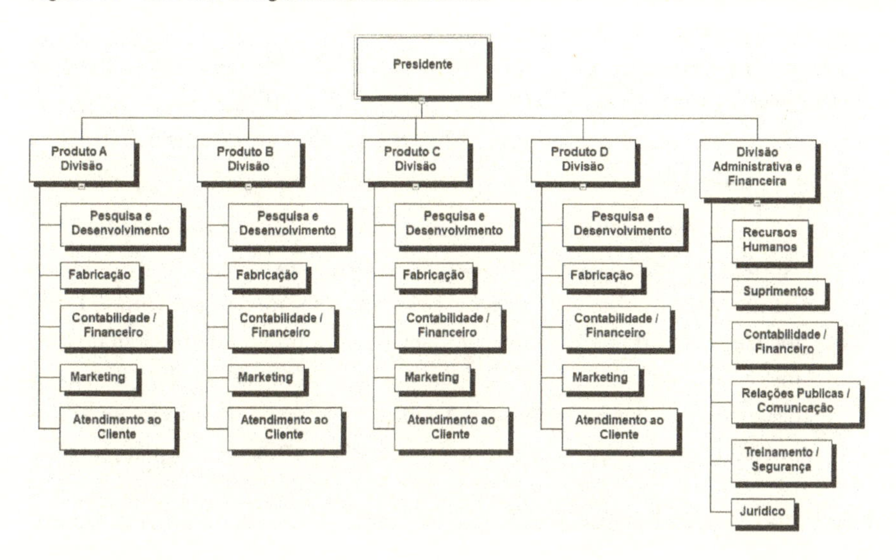

Fonte: os autores (2020)

Barreto e Saraiva (2017) destacam que esse modelo de Estrutura organizacional pode ser oriundo de organizações em que existem diversas divisões de produção, onde o possível reagrupamento pode decorrer de um conjunto de tarefas organizadas na diretriz de um objetivo comum.

Em decorrência, nesse tipo de estrutura, a Governança e ESG, quando presente, pode aparecer dentro da estrutura administrativa/financeira, como uma subfunção de apoio. Na sequência abordaremos a estrutura matricial ou híbrida.

3.1.3. Estrutura matricial/híbrida

A estrutura matricial, às vezes chamada de "sistema de comando disponível", é um sistema híbrido que tenta combinar os benefícios dos tipos de design enquanto tenta evitar suas desvantagens. Ou seja, consiste em dois tipos de estrutura ao mesmo tempo. Os funcionários podem ter dois chefes; isto é, podem trabalhar com duas cadeias de comando. O segundo é um arranjo horizontal que alterna a equipe de várias divisões ou departamentos funcionais para assumir um projeto de negócios, liderada por um gerente de projeto ou por um grupo, especialista no campo da organização coordenada de equipes.

Quanto a este tipo de Estrutura organizacional, destacamos um possível cuidado que as empresas devem ter em relação ao compartilhamento de responsabilidades:

> a departamentalização matricial, tendo em vista sua característica de Responsabilidade Corporativa compartilhada, exige nível de confiança mútua e capacidade de improvisação na solução de problemas. Dessa forma, é importante o estudo de liderança dos profissionais da alta administração, que têm grande influência em relação ao conflito inevitável desse tipo de departamentalização, que pode ser minimizado, se administrado com eficiência, eficácia e transparência (Oliveira, 2016, p. 142).

Figura 31 – Estrutura Matricial

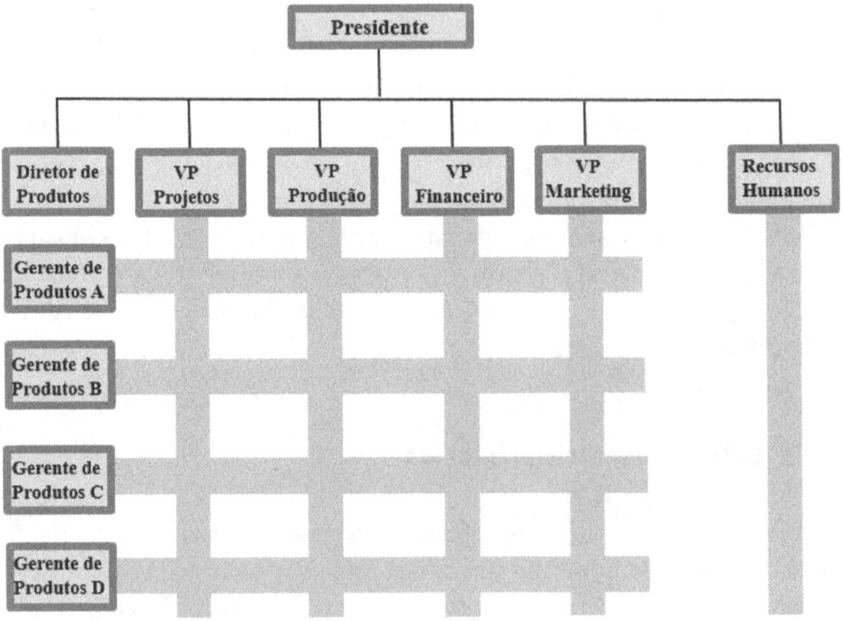

Presidente
Diretor de Produtos
VP Projetos
VP Produção
VP Financeiro
VP Marketing
Recursos Humanos
Gerente de Produtos A
Gerente de Produtos B
Gerente de Produtos C
Gerente de Produtos D

Fonte: os autores (2020)

Considerando a afirmação e de acordo com a Figura 31, a Governança e ESG, quando presente neste tipo de estrutura organizacional, normalmente aparece dentro da estrutura do VP (vice-presidente) de finanças como uma função derivada de apoio. Na sequência abordaremos a estrutura "projetizada" ou "por projetos".

3.1.4. Estrutura por projetos

É uma estrutura mais avançada que a anterior, uma vez que os indivíduos são permanentemente designados aos projetos; quando estes são concluídos, os funcionários passam para o próximo ou retornam para alguma posição de staff ou funcional operacional, conforme exemplificado na Figura 32. Neste aspecto, Barreto e Saraiva (2017) afirmam que, como os requisitos dos clientes originam o desenvolvimento dos respectivos projetos, é possível que haja uma concentração no negócio e não nas funções que são desenvolvidas.

Figura 32 - Organograma Projetizado

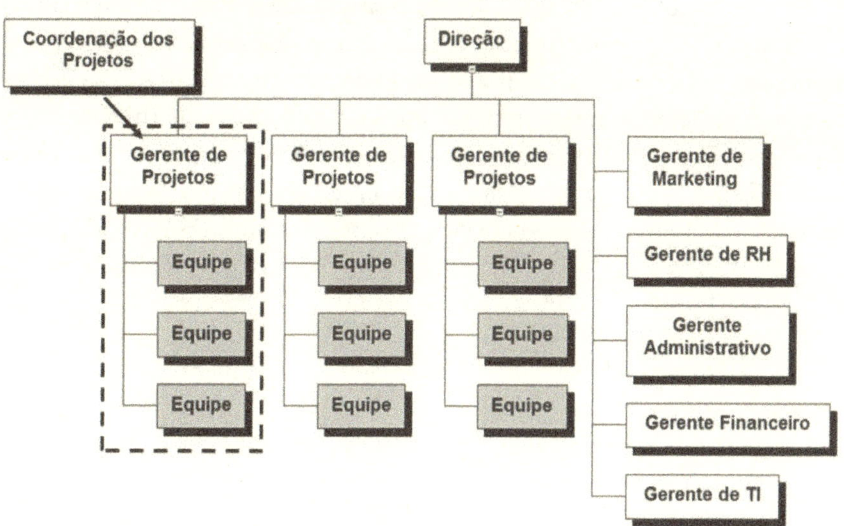

Fonte: baseado em PMBOK. *A Guide to the Project Management Body of Knowledge (PMBOK® Guide)* - Fifth Edition. Project Management Institute. 2013, p.23

Assim, nesse tipo de estrutura, em cada projeto se encontram especialistas sobre o assunto, cada um contribuindo com seus conhecimentos, habilidades e especialidades para trabalhar em equipe. São estruturas flexíveis, adaptáveis às mudanças no ambiente e na tecnologia; a tomada de decisão é rápida. Conforme a Figura 32, cada projeto deve ter um gerente à frente, responsável por garantir que em sua equipe não falte nada, orientando-a e garantindo que os objetivos sejam alcançados. Neste tipo de estrutura, a Governança e ESG, quando presente, normalmente aparece dentro do centro de serviços compartilhados, onde se apoiam todos os projetos e programas, e que, ao final, compõem o portfólio. Na sequência abordaremos a estrutura horizontal ou por "departamentalização".

3.1.5. Estrutura horizontal ou por "departamentalização"

Estrutura horizontal ou por "Departamentalização" baseia-se no agrupamento de atividades ou conjuntos de tarefas que são semelhantes ou têm um relacionamento lógico para ficarem juntas. Pode ocorrer em qualquer nível hierárquico da empresa, porém sempre aparecem horizontalmente. Serve para atribuir e agrupar diferentes atividades através da especialização dos órgãos e, normalmente, aparece em grandes organizações. Nesse âmbito, o caráter da preocupação do efeito da comunicação: "A estrutura organizacional apresenta uma especialização vertical (hierarquia) e uma especialização horizontal (departamentalização) e envolve uma cadeia escalar, isto é, a cadeia de comunicação precisa passar por todos os níveis hierárquicos intermediários para chegar ao seu destino". (HALL, 2014, p.87)

Figura 33 - Estruturas Horizontais

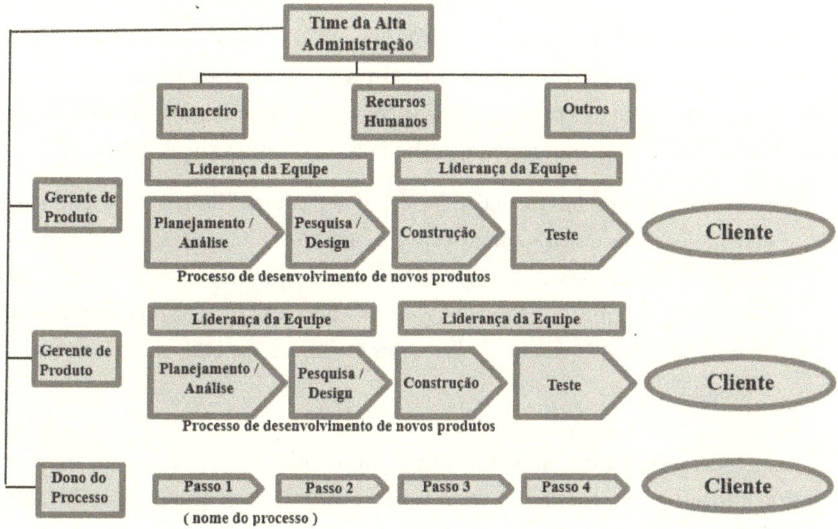

Fonte: os autores (2020)

Conforme essa abordagem, e de acordo com a Figura 33, ao agrupar as diferentes atividades para coordená-las, é necessário considerar, além dos possíveis ruídos de comunicação, os critérios ou interdependências básicas. Essas interdependências podem ser:

- Fluxo de trabalho: os relacionamentos entre determinadas tarefas de operações devem refletir as dependências mútuas naturais no fluxo de trabalho. Não deve ser truncado ou alterado; não deve haver espaço para diferenciação, pois pode causar conflito;
- Processos: a produção de um bem ou serviço requer a realização de vários processos (produção, marketing, comercialização). A interdependência dos processos determina que todas as pessoas vinculadas a uma tarefa específica, independentemente da quantidade e variedade de bens e serviços, devem ser mantidas juntas;
- Escala: corresponde a economias de escala. A formação de grandes grupos é essencial para poder operar com eficiência, o que estimula a especialização por processo;

- Sociais: este critério corresponde às relações sociais circundantes, não ao trabalho realizado.

Em outra análise, Rebouças (2016) destaca os possíveis riscos administrativos, de qualidade e produtividade, uma vez que esse tipo de Estrutura organizacional está estruturado por processos específicos. Ainda assim, nesta linha, coloca-se um contraponto, quando observamos que:

> se o formato horizontal de estrutura pode facilitar o redesenho das atividades da empresa na forte busca de melhoria de desempenho e de alavancagem de resultados, essa tendência ao *downsizing*, que leva empresas a estruturas organizacionais cada vez mais horizontalizadas, tem provocado grandes mudanças nos processos de trabalho dessas empresas (Rebouças, 2016, p.21).

Assim, essa lógica da estrutura horizontalizada, sustentada pelo modelo organizacional por processos, tem como finalidade principal melhorar a interação com os clientes da empresa, os quais são os únicos com poder para estabelecer o valor de um produto ou serviço oferecido pela empresa – conforme apresentado na Figura 34 –, em comitês. Nesse caso, podem ser incluídos comitês também para a Governança e ESG.

Figura 34 – Estruturas por Comitês

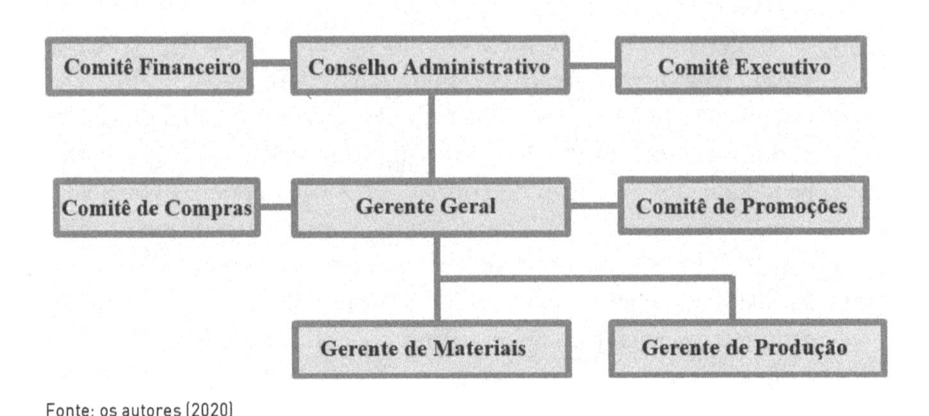

Fonte: os autores (2020)

Neste contraponto, novamente reiteramos a importância de se preocupar com os mais variados *stakeholders*, neste caso específico, os próprios clientes externos. Por fim, uma vez estabelecidos os critérios para departamentalização, é necessário analisar como realizá-los. Portanto, a departamentalização está relacionada ao grau de especialização e, assim, quanto maior a empresa, maior a especialização e a departamentalização. Neste tipo de estrutura, a Governança e ESG, quando presente, normalmente aparece abaixo da presidência e ao lado das finanças e recursos humanos, como uma unidade de apoio. A seguir, no resumo, abordaremos as principais vantagens e desvantagens das principais estruturas organizacionais.

Saber organizar é um processo de gerenciamento permanente e mutável. Enquanto isso, a estratégia pode ser alterada, o ambiente organizacional pode mudar e a eficácia e eficiência da organização nem sempre estão no nível que os gerentes desejavam. Por fim, sintetizamos nos quadros 1, 2 e 3, as principais vantagens e desvantagens da inserção da Governança e ESG no contexto de cada estrutura organizacional.

Quadro 1 - Estrutura Funcional: Principais Vantagens e Desvantagens

FUNCIONAL	
VANTAGENS	**DESVANTAGENS**
• Fácil para gerenciar especialistas e disseminar princípios de Governança e ESG; • Plano de carreira definido claramente dentro da especialidade, pode associar o bônus aos resultados de Governança e ESG; • As pessoas se reportam a um único gestor, facilidade para disseminar princípios de Governança e ESG.	• Pessoas priorizam sua especialidade funcional em detrimento da **coletiva**; • Não há plano de carreira claro em Governança e ESG; • O responsável pela Governança e ESG tem pouca ou nenhuma autoridade;

A estrutura funcional é mais utilizada nas empresas brasileiras, até pela sua facilidade de implantação e lógica de atuação, porém, percebe-se o crescimento de estruturas projetizadas, como analisamos a seguir, no Quadro 2.

Quadro 2 – Estrutura Projetizada: Principais Vantagens e Desvantagens

PROJETIZADA	
VANTAGENS	**DESVANTAGENS**
• Organização muito eficiente do projeto, fácil propagação da Governança e ESG; • As pessoas têm enorme fidelidade ao projeto e, consequentemente, a Governança e ESG; • Comunicações mais eficazes entre a Equipe de Projeto facilitam as práticas de Governança e ESG.	• Não há "lar" para retornar quando o projeto é concluído, portanto pode se perder o engajamento com a Governança e ESG; • Falta de especialistas para coordenar uma disciplina, pois depende de um órgão a parte para a Governança e ESG; • Duplicação de instalações e funções pode confundir as práticas de Governança e ESG.

Corroborando para as estruturas funcionais e projetizadas, aparecem ainda as estruturas matriciais como opção para aquelas empresas cujas respectivas atividades oscilam entre funcionais e projetizadas, conforme abordamos no Quadro 3 a seguir.

Quadro 3 – Estrutura Matricial: Principais Vantagens e Desvantagens

MATRICIAL	
VANTAGENS	**DESVANTAGENS**
• Apoio de especialistas em Governança e ESG; • Utilização máxima de recursos escassos, pode apoiar os princípios; • Melhor coordenação das pessoas da equipe aumenta o engajamento; • As pessoas têm um "lar", portanto facilidade de conhecer a Governança e ESG;	• Requer administração adicional nos papeis da Governança e ESG; • Dois chefes para cada pessoa, pode confundir as orientações; • Problemas mais complexos de alocação de pessoas atrapalha os princípios; • Gerentes têm prioridades diferentes – maior potencial para conflitos.

Neste capítulo, reconhecemos os diferentes desenhos organizacionais, representados por suas referentes estruturas organizacionais. Tais estruturas concernem à forma como as atividades da organização são divididas, agrupadas e coordenadas em termos de relacionamentos entre gerentes e funcionários, entre gerentes e gerentes, e entre funcionários e funcionários.

Vimos que os departamentos de uma organização podem ser formalmente estruturados de três maneiras básicas: por função, por produto/mercado ou em forma de matriz, porém divididos ou nomeados de várias formas, nomenclaturas e sinônimos.

Na direta relação dos impactos dessas diversas estruturas organizacionais na gestão, na Governança e ESG, fica claro que, no atual estado da arte, as empresas ainda resistem em adaptar suas atuais Estruturas organizacionais, pois apresentam uma estrutura funcional, integral e complexa, seguindo o seu estatuto original, que ainda reflete um conjunto de relações que se desenvolvem a partir da missão, gestão e visão organizacional em si e no meio ambiente. Recomendamos adaptar-se em duas fases, ou seja, inicialmente adotar uma representação de um modelo de gestão circular, em que se valorizem a relação e os diferentes atores sociais que determinam e agrupam as ações das diferentes áreas, inserindo as funções e processos de Governança e ESG dentro de uma atual "caixa" existente – por exemplo, inserir nas áreas de "Relações Institucionais" ou mesmo na "Financeira".

Em uma segunda fase, atendendo à integridade do sistema orgânico de Governança e ESG, deve-se inseri-los em uma "caixa" independente dentro da atual estrutura, respeitando as diversas conexões entre os mais variados *stakeholders* e *shareholders* – buscando uma Estrutura organizacional coerente e integrada. Pode-se, por exemplo, estabelecer uma estrutura de "Governança" ou "Governança, ESG e *Compliance*", porém atuando transversalmente em todas as demais "caixas" da empresa. Qualquer uma das cinco estruturais organizacionais apresentadas permitem uma visão facilitadora e abrangente do trabalho, das pessoas e de como se adaptar a Governança corporativa à organização. Todos as cinco, desde que inserida a devida Governança corporativa, levam a organizações mais transparentes, participativas e adaptáveis, onde as pessoas amadurecem e colocam seus talentos e interesses a serviço do objetivo da organização, respeitando o rol de *stakeholders* ampliado.

Conforme demonstramos, a inserção das estruturas de Governança e ESG dentro da Estrutura organizacional ocorre de maneiras diversas. Assim, o objetivo é obter a estrutura mais adequada às diretrizes organizacionais respectivas, onde, em muitos casos, tais estruturas também representam que o poder é distribuído entre as partes e que as decisões provavelmente serão tomadas por consenso, por colegiado ou comitês.

No próximo capítulo, abordaremos os novos arranjos organizacionais e suas consequentes transformações, ressaltando aspectos do ciclo de vida organizacional –nascimento e crescimento, declínio e morte das organizações –, bem como as características de cada etapa desse ciclo e da elaboração de estratégias factíveis para cada etapa.

Capítulo 4

Novos Arranjos Organizacionais e Transformações Organizacionais

Este capítulo está apresenta o Ciclo de Vida das Organizações, apresentando a forma como as empresas nascem, crescem e morrem, conceitos muito próximos aos da nossa própria vida, resgatando a importância ressaltada, no capítulo 3, de reconhecer os diferentes desenhos organizacionais e diferenciar os prós e contras de cada estrutura organizacional.

Nele, dissertaremos sobre as referidas transformações nas empresas, abordando questões como ciclo de vida organizacional – o seu nascimento, crescimento, declínio e morte –, através da identificação das características de cada etapa desse ciclo e da elaboração de estratégias factíveis para cada uma delas, sempre buscando sua aplicabilidade.

4.1. Ciclo de vida organizacional

O Ciclo de Vida das Organizações emula o próprio ciclo de vida humano, onde há nascimento, crescimento, envelhecimento e morte, como vemos na Figura 35.

Figura 35 – Ciclo de Vida Básico das Organizações

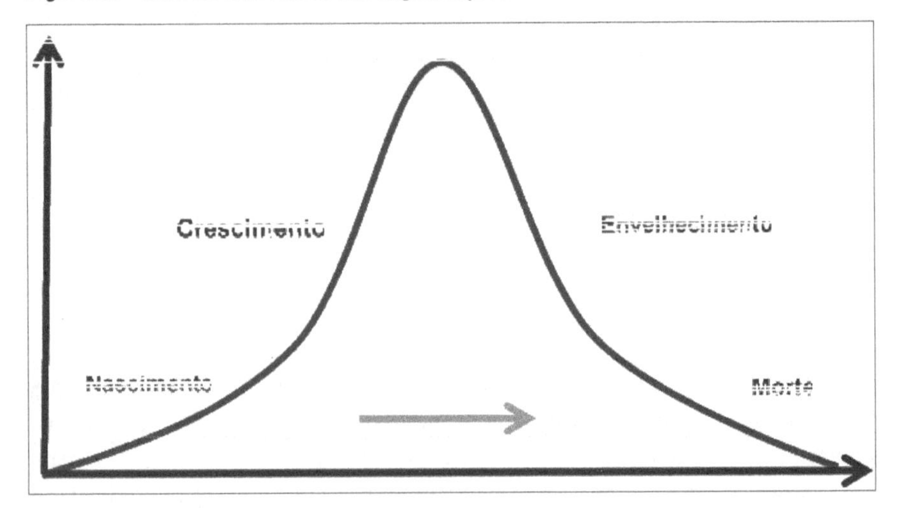

Fonte: os autores (2020)

Segundo Morgan (2006), podemos obter um entendimento mais profundo das organizações se as percebemos como uma analogia aos termos e descrições que nos são familiares. Quando dizemos que a nossa mãe é o "coração da família", já percebemos que a ela é a figura principal, o membro mais importante para o funcionamento da família. É uma boa metáfora.

Encontramos na literatura muitas referências sobre ciclos de vida, cujo conhecimento é importante para que os administradores se situem em qual fase o seu negócio está. Os problemas podem estar mais em decisões tomadas no passado do que em eventos presentes ou dinâmicas do mercado. As equipes de gerenciamento têm pressa para ver a empresa crescer e abandonarem questões como "qual caminho nos trouxe até este ponto?" ou "onde estamos agora?". A resposta para essas questões está na análise do Ciclo de Vida.

Este conceito é aplicável a todos os tipos de organização e a grande vantagem em se conhecer o Ciclo de Vida das empresas é saber qual estratégia deveremos tomar de acordo com a fase do ciclo em que estamos, pois as estratégias mudam de acordo com cada uma dessas fases. Através do Ciclo de Vida, podemos tentar entender por que algumas empresas falham e saem do mercado, enquanto outras conseguem estabelecer estratégias, estruturas e diversas movimentações, obtendo recursos no ambiente e seguindo vitoriosas.

O Ciclo de Vida permite uma visão ampla e realista sobre onde sua empresa está e se todos os processos estão alinhados ou não. As empresas podem passar por esses estágios em diferentes tempos, outras não conseguem acompanhar todos os estágios, e algumas seguem do nascimento até a morte sem ter passado por crescimento e envelhecimento.

Pode acontecer de a empresa ter uma excelente ideia, mas não conseguir atrair patrocinadores e/ou consumidores, "morrendo" por inanição. O empreendedorismo é um processo inerentemente arriscado, pois não há como prever ou garantir o seu sucesso.

Uma maneira de os empreendedores estabelecerem uma abordagem mais realista nos possíveis pontos críticos do Ciclo de Vida é elaborando um Plano de Negócios – *Business Plan* – que delineará as estratégias para competir no ambiente organizacional. Os processos de uma organização podem funcionar de forma eficiente, mas correm o risco de não terem o suporte do ambiente organizacional, pois estes podem não estar preparados para acompanhá-los.

Em uma empresa de pequeno/médio porte, os fundadores podem estar delegando poderes à média gerência sem que todos estejam devidamente treinados para entregar o que se espera deles. Se a empresa é nova, as estratégias são para estabelecimento dos negócios, se estamos numa fase de consolidação dos negócios, deveremos estar concentrados em expansão, em alcançar novos mercados, por exemplo.

Uma nova organização é frágil porque não tem ainda uma estrutura formal para garantir que os processos sejam estáveis. A maioria das decisões é na base da tentativa e erro, até ter uma formalização dos procedimentos que faça com que os papéis, regras e procedimentos sejam gradualmente incorporados à rotina da organização.

É costume se observar que no início das empresas inovadoras, as estruturas estejam na cabeça do fundador, sem uma formalização dos processos.

O ciclo de vida vai desde o nascimento da empresa até sua morte, sendo que esta última etapa não é necessariamente imprescindível, visto que, ao contrário do ciclo de vida natural, há como se evitar a morte de uma organização adotando-se estratégias adequadas para adaptação das rotas – com isso desviando-se da "morte" da empresa.

Este tipo de artifício também pode ser aplicado ao envelhecimento das organizações, que também pode ser evitado com estratégias bem definidas.

Muitos pesquisadores propõem que o Ciclo de Vida das organizações segue diversos estágios durante a sua existência, conforme crescem e obtêm sucesso. Nem todos concordam com atividades e processos ligados a cada ciclo evolutivo. Há alguma divergência entre autores com relação à denominação das fases e quanto ao número de estágios existentes.

Ichak Kalderon Adizes (1990) desenvolveu um conceito de Ciclo de Vida, representado em forma de sino, que pode ser aplicado a qualquer tipo de organização, pois todas passam pelas mesmas etapas, como vemos na Figura 36.

Figura 36 – Ciclo de Vida das Organizações Segundo Adizes

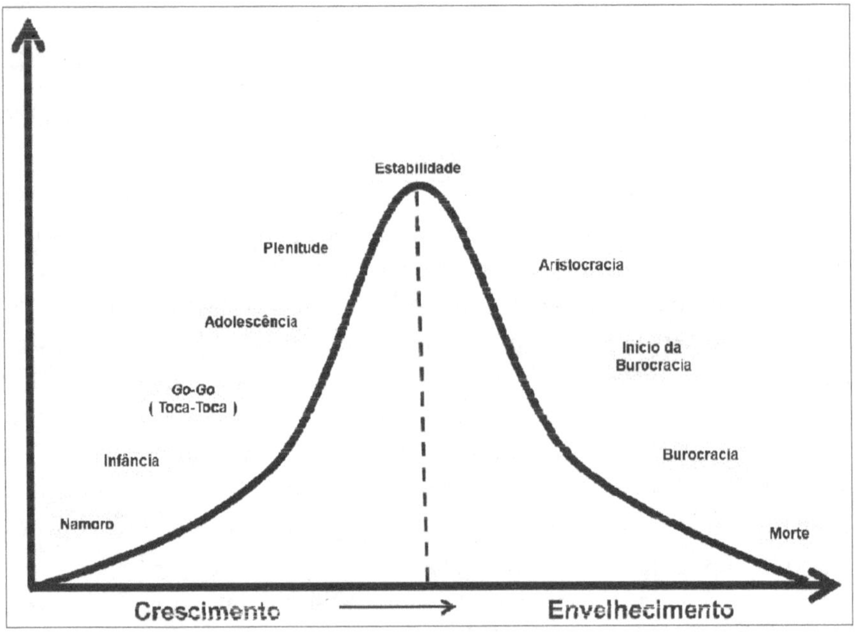

Fonte: Adaptado de Adizes, 1990

Adizes (1990) fez uma associação entre as fases do crescimento e declínio humano com o crescimento e declínio das organizações.

No ciclo há duas partes: a da esquerda representa, com suas fases, o crescimento da empresa, e a da direita representa o envelhecimento. O papel dos líderes é administrar todas as mudanças para que sejam mantidas em um grau de excelência. Na etapa do crescimento, as fases representam as oportunidades; na outra, são representados os problemas.

A fase inicial é o "Namoro", onde a figura do empreendedor é importante. É nesta fase que testamos se o que pretendemos poderá se tornar realidade, analisando-se à luz do cenário real e do panorama futuro. Perguntas como "Será que isso vai dar certo?" são comuns nessa fase, tanto na vida pessoal como na vida profissional. É aqui também que é verificado se o processo terá chance de vingar ou é uma simples empolgação. Essa fase ainda não representa a realidade da organização, mas sim o desejo de que ela tome forma e seja eficiente.

Em seguida vem a fase da "Infância", onde o namoro deve se tornar realidade e em que todos os planos anteriormente previstos devem ser testados. Tal qual na vida pessoal, há necessidade de muito cuidado e muita atenção. No início da infância, a criança deve ser nutrida, por exemplo, com leite materno. Na empresa, essa nutrição é representada pelo capital de giro, questão crucial para o desenvolvimento de qualquer organização.

Há necessidade de se ter dinheiro para suprir as necessidades de caixa. Nessa fase, a empresa já existe e quer tornar realidade tudo o que foi pensado na etapa anterior. O que se espera são as prospecções de vendas, como diz Adizes (1998, p.31): "Não há tempo para se planejar ou pensar porque todos estão ocupados fazendo coisas".

Na "Infância", a organização precisa realizar um planejamento de curto prazo, adquirindo *know-how*, obtendo uma estabilização financeira. Em seguida, deve partir para a ação mais concreta. Há a preocupação com a liquidez da empresa e com a administração eficiente do caixa. Aqui, a empresa já está começando a andar, enquanto ainda estava engatinhando na etapa anterior. A grande prioridade são as vendas. Devemos ter cuidado pois, no afã de querer vender, pode-se começar a dar descontos com o objetivo de capturar novos mercados, expandir para novos horizontes.

A etapa seguinte é a "*Go-Go*" ou Toca-Toca, que é uma analogia ao que o neném já pode ver com mais atenção. Ao abrir os olhos pode ver o mundo inteiro (Adizes, 1979). Nesse ponto, a empresa tem a mesma orientação para resultados que a fase da infância, mas com um apetite muito grande. Tudo parece ser uma oportunidade que não pode ser perdida. A organização se move rápido, frequentemente tomando decisões por intuição, já que ainda não tem experiência suficiente.

Quase toda oportunidade se torna uma prioridade. Isso é complicado pois, ao tentar alcançar tudo que aparentemente seriam boas opções, acabam por ficar sem capital. Outro ponto complexo é a visão do dono, que é muito centralizadora, mas que, por outro lado, é o que permite que a empresa sobreviva, já que considera a todos como "filhos". O proprietário da empresa se recusa a delegar, despersonalizar os procedimentos e políticas e tudo o mais que possa vir a fugir do seu controle.

Na etapa seguinte, "Adolescência", há uma rebeldia maior, tal qual o adolescente que deseja se distanciar da família, seguir rumos próprios, muito embora ainda não esteja bem-preparado. Neste momento também há possíveis crises internas, pois há um crescimento que por vezes pode não ser lucrativo ou pode não ter sido devidamente planejado. É onde encontramos os riscos a serem tomados. É a fase do que poderemos fazer daqui para frente. Os processos devem ser ajustados para obter resultados. É o momento da profissionalização, de ser eficiente e eficaz, fazer a coisa certa no tempo certo.

Nessa fase surgem os programas de treinamento, computadores são instalados, políticas internas são postas em ação. Isso tudo custa caro e demora para ser colocado em prática, o que faz com que as equipes gerenciais tenham que "perder tempo" planejando.

Uma adolescência saudável é quando a relação entre o crescimento do esforço administrativo e os resultados palpáveis são positivos.

A "Adolescência" se complementa por sua juventude, onde as organizações já deverão estar preparadas e trabalhando com boa produtividade, e é o caminho para a "Plenitude", onde a organização já está ajustada, com controles funcionando, dando resultados, preparada para novos empreendimentos. Esse é o estado "excelente".

A "Plenitude" é situada entre a "Adolescência" e a "Estabilidade". É a melhor fase da empresa. Em uma analogia com a vida humana, é a de pessoa feliz e realizada na sua vida pessoal e profissional. A "Plenitude" é a fase da excelência, onde encontraremos indicadores de desempenho bem aplicados e acompanhados. É a fase da felicidade, de a empresa se sentir plena.

Aqui, a empresa está orientada por resultados, mas para que estes sejam atingidos, há planos e procedimentos a serem seguidos. Esse é um estágio complicado para as organizações, pois ao mesmo tempo em que é difícil de ser alcançado, é também difícil de ficar nesta fase para continuar competindo com seus produtos de linha e, ao mesmo tempo, de olho no mercado e nos concorrentes, além de criar e desenvolver novos produtos e ideias.

Nesta fase, com o tempo, as aspirações da direção mudam. As aspirações são a uma função da disparidade entre o desejável e o esperado. Se o que a direção almeja é mais do que se espera alcançar, haverá energia e aspiração para a mudança. E se o corpo gerencial estiver satisfeito com as condições existentes, haverá uma tendência para manter a estabilidade (Adizes, 1979).

A próxima fase é a "Estabilidade", que representa o fim do crescimento e o início das fases do envelhecimento. A empresa ainda está forte, mas está perdendo a flexibilidade, pois não está mais empreendendo. A parte financeira é mais importante do que as vendas, já que as expectativas de novos negócios não estão mais na pauta do dia. Expectativas de expansão para novos mercados são menores ou inexistentes, já que a equipe está feliz com os resultados ora alcançados. Um sentimento de amizade surge, temperado pelo aparecimento de um período de declínio. Não há uma ânsia para desafiar concorrentes ou atingir novos mercados.

O pessoal passa mais tempo em reuniões pouco produtivas e interagindo entre si do que produzindo resultados escaláveis, situação que não era aceitável em outras fases do ciclo organizacional. Não há mais o senso de urgência. Novas ideias são aceitas sem muito entusiasmo, crítica ou excitação.

A organização madura gasta cada vez menos em pesquisa e desenvolvimento. O seu orçamento para mudança e adaptação diminui e a ânsia para atingir resultados excelentes é quase nulo (Adizes, 1979).

Em seguida vem a "Aristocracia", onde a organização está com muito dinheiro em caixa, com bons resultados e não precisa se preocupar com os clientes, pois eles chegam naturalmente, sem muito esforço. Este nome, "Aristocracia", deve-se ao fato de a empresa considerar que já está no seu grau máximo de eficiência, sem se preocupar com outras possíveis iniciativas.

Está mais conservadora – ainda detém o mercado, mas não está lutando para progredir. Já não há a preocupação com os concorrentes, em adquirir outras empresas, em expandir seu território. Adizes (1979) cita que nessa fase do ciclo de vida as organizações usualmente têm grandes instalações com espaço alocado sem muita funcionalidade. Os executivos têm muito medo da concorrência, a empresa está paralisada com as atividades do passado e ninguém quer fazer o primeiro movimento para mudanças. Diferentemente da etapa do "Toca-Toca", onde as pessoas se vestiam informalmente. Aqui, o pessoal já se veste com mais formalidade. As pessoas se tratam pelos seus sobrenomes, ao contrário da fase da Infância, onde havia apelidos ou tratamentos mais casuais.

Reuniões são marcadas com antecedência em salas de reuniões com todo o corpo gerencial presente, mesmo que o resultado esperado não seja tão importante. Para manter os lucros, as organizações nessa fase são inclinadas a aumentar preços ao invés de gerar novos produtos ou tentar entrar em novos mercados. Aumentando preços, eventualmente, levam os seus produtos para uma posição inelástica na sua curva de demanda.

Nesta posição aristocrática, há um silêncio antes da tempestade. As pessoas sorriem, são amigáveis e apertam as mãos umas das outras. No início da Burocracia (próximo estágio), os maus resultados são, finalmente, evidentes e, ao invés de lutarem por novos mercados, os executivos lutam uns contra os outros.

Os sacrifícios humanos aparecem, já que há a necessidade de se buscar culpados. De tempos em tempos, alguém se torna o "cordeiro" do sacrifício, sendo culpado pelas condições adversas da companhia. E a paranoia se instaura, já que ninguém sabe quem será o próximo a ser sacrificado. Olham uns para os outros com desconfiança.

Esta paranoia é manifestada pelas explicações que são dadas ao que está acontecendo. Adizes (1976) cita que nesse tipo de organização, o comportamento dos gerentes acelera o declínio da empresa. Os melhores quadros, já que estão com muito medo, são demitidos ou pedem demissão.

E o processo pode continuar em um círculo vicioso.

Conforme a organização for mantendo sua posição de não se abalar com o andamento do mercado, mesmo porque está sendo lucrativa até certo ponto, chega-se à próxima fase, "Burocracia", onde a empresa estará preocupada com estabelecimento de normas e padrões paralisantes, a fim de atender ao "sistema". Fica acomodada com seus próprios controles, com o seu próprio gerenciamento, sem observar os possíveis concorrentes que podem bater na porta e capturar os seus clientes.

Aqui estará preocupada com os controles internos, não dando muita atenção aos consumidores. Não há orientação para resultados, não há inclinação para mudança, não há trabalho em equipe, somente sistemas, regras, procedimentos formais.

Um dos principais sinais de que a empresa está na fase da Burocracia é que as comunicações, mesmo entre clientes e a empresa, precisam ser formalizadas por escrito. Arquivos, virtuais ou em papel, estão lotados.

Quando o organismo de uma pessoa idosa deixa de funcionar normalmente, essa pessoa pode ser colocada em aparelhos para que haja uma sobrevida ou a cura para o seu problema, com rins artificiais, por exemplo. A mesma analogia serve para as empresas na fase da Burocracia. Quando se identifica que a empresa está nessa fase, percebe-se a existência de um departamento especial que trabalha, em tempo integral, providenciando sua sobrevida.

O monopólio que permite que empresas nessa etapa continuem operando, vendendo para órgãos governamentais que estão presos por algum contrato, provem esta sobrevida similar a dos hospitais com pacientes, em muitos casos, terminais.

Estando nesse caminho de declínio, o próximo passo é a "Morte", onde não há mais o que fazer a não ser fechar a fábrica, as lojas, e realocar pessoal em outros negócios ou demiti-los.

Segundo Hamilton (2006), a morte da organização ocorre quando há a perda substancial de clientes e valor de mercado, fazendo com que cesse suas operações, renunciando à sua identidade organizacional, perdendo a capacidade de se autogovernar. Um bom termo para substituir "morte" é fechamento (*closedown*) ou encerramento.

Há outras diversas propostas de análise do Ciclo de Vida das Organizações, como a das Organizações sem fins lucrativos.

Stevens (2009) propôs o estudo dos ciclos de vida das organizações sem fins lucrativos, que segue na Figura 37.

Figura 37 - Ciclo de Vida das Organizações Sem Fins Lucrativos

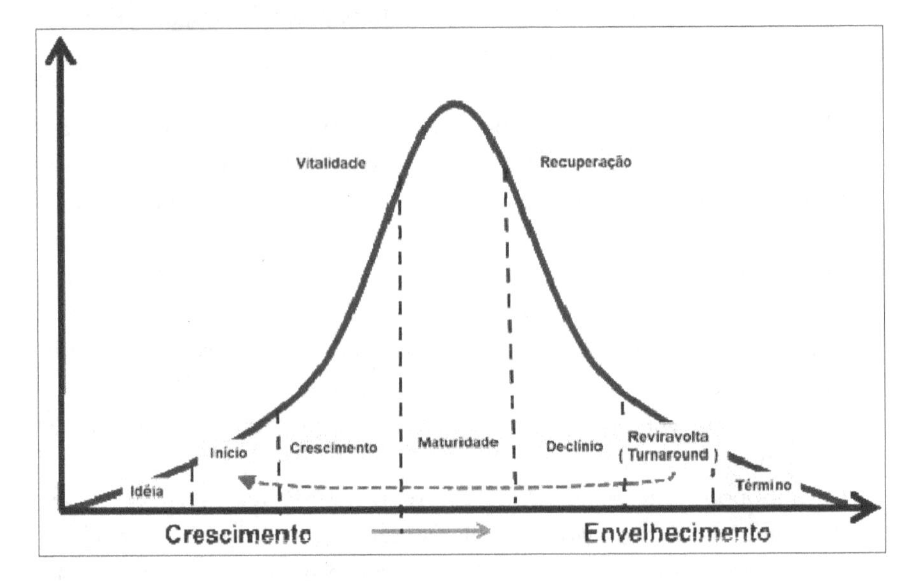

Fonte: Adaptado de Susan Kenny Stevens (2009)

Similar ao Ciclo de Vida anteriormente visto, o ciclo de vida da organização sem fins lucrativos também apresenta referências sistêmicas na vida organizacional desde a invenção, *start-up*, crescimento, maturidade e, finalmente, declínio.

A principal diferença é que, como o próprio nome diz, é proposto para empresas que não visam o lucro. Por exemplo, na fase inicial, os sistemas de gestão das organizações sem fins lucrativos normalmente apresentam alguns funcionários em uma estrutura, com decisões tomadas principalmente pelo(s) fundador(es).

Outro ponto importante é que nas organizações sem fins lucrativos há a hipótese de, ao chegar próximo ao fim do ciclo e se perceber que a crise já está próxima, dar meia volta e tentar refazer os passos até então, revendo as estratégias e seguindo em frente.

Vamos acompanhar o Ciclo:

- Na fase da ideia, ainda não há qualquer formalidade ou sistema, tudo está sendo posto em prática através, por exemplo, de um plano de projeto onde poderemos ver se a ideia tem condições de ser levada adiante utilizando-se de cálculos teóricos sobre a taxa de retorno e detalhes preliminares sobre o projeto;

- O nascimento da empresa, o namoro, é um estágio perigoso e que tem boa chance de fracasso. Nos projetos empreendedores há o fator "novidade", que inclui os perigos de se estar atuando em algo que pode ser desconhecido. Não há como prevenir o sucesso ou o fracasso do projeto. Uma ideia cativante, mas arriscada;
- Na fase do início (*start-up*), as decisões são direcionadas, na maioria das vezes, pelo fundador, e os recursos financeiros ainda são limitados. No ambiente de marketing, as comunicações são limitadas e bastante informais;
- Na etapa do crescimento, o mercado está sendo estabelecido com mais foco e consistência. Maior foco em planejamento e boa visão estrutural, com suporte financeiro ainda pouco constante e com ajuda dos financiadores. Na fase da maturidade, há foco nos resultados a médio e longo prazo. Divisão bem equilibrada das finanças com prestação de contas frequentes e foco no planejamento de médio prazo.
- Na etapa do declínio, após a fase da maturidade, já estaremos com perda de mercado e com desinteresse dos consumidores quanto aos produtos oferecidos. Nessa etapa já devemos estar pensando em dar uma reviravolta e retornar para o início do processo, com as lições aprendidas durante todo o ciclo até o momento;
- Na fase seguinte, "término", todos os esforços foram exauridos, mas o inevitável aconteceu e a empresa precisa ser encerrada. A empresa perdeu sua vontade, razão de ser e energia, como apresentado no Quadro 4.

Quadro 4 - Ciclo de Vida das Organizações Sem Fins Lucrativos

	Ideia	*Start-up*	Crescimento	Maturidade	Declínio	Término
Programas	Informal, Forte comprometimento com os projetos	Forte compromisso com a entrega de serviços	Estabelecido no mercado, consistente com foco nas entregas	Programas focados nos resultados e relevância	Perdendo relevância no mercado, mercado saturado	Demanda por atividades muito baixa. Poucas atividades
Recursos Humanos	Fundador empreendedor	Decisões provavelmente feitas pelo fundador	Divisão de Trabalho e responsabilidade, o diretor executivo é o principal tomador de decisões, com orientação do conselho	Clara divisão entre trabalho e prestação de contas, liderança é frequentemente entre a 2. e 3ª geração dos fundadores	Alta rotatividade, pouca habilidade para atrair talentos para a equipe. Pouca transparência	Dificuldade na divisão entre staff, desconfiança nos líderes, falta de habilidade para lidar com crise
Equipe de Gerenciamento geral	Ainda não desenvolvido	Gerenciamento formal com grupo homogêneo	*Board* mais amadurecido. Foco maior no planejamento e supervisão dos processos	*Board* é mais focado em política e estratégia, delegando gerenciamento para o diretor executivo	Membros do conselho diminuindo. Pouca consciência sobre problemas	Membros do conselho não estão preenchendo as responsabilidade s fiduciárias
Financeiro	Nada formal	Recursos financeiros limitados	Todas as relações entre fundadores e equipe gerencial bem definidas	Relacionamentos bem amadurecidos com os fundadores.	Lealdade da equipe diminuindo. Poucos recursos financeiros	Pouco dinheiro no caixa para cobrir despesas operacionais.
Marketing	Não instituído	Comunicações limitadas, maioria no boca a boca	Métodos ainda pouco profissionalizados, mas processos em desenvolvimento	Marketing bem sofisticado e com comunicações em múltiplos canais	Interesse dos consumidores diminuindo	Não consegue atrair atenção do público. Sem retorno dos consumidores

Fonte: Adaptado de Social impact Architects, 2016

O Ciclo de Vida permite expectativas realistas. Avaliar em que fase do ciclo operam cada um dos sistemas da organização sem fins lucrativos permitirá a você, leitor, identificar se a ela possui os recursos necessários para executar sua estratégia. Um possível desalinhamento ocorre quando os sistemas estão em fases diferentes de crescimento. Por exemplo, seus projetos e processos podem estar em fase de crescimento, enquanto sua organização está sem caixa, fazendo com que este desequilíbrio impeça que a nova fase do ciclo seja atingida.

As fases do ciclo de vida da organização sem fins lucrativos também estão associadas a desafios um tanto previsíveis para os quais a empresa pode se preparar.

Organizações sem fins lucrativos mais maduras podem chegar à fase do declínio por estarem resistentes em tomar medidas para controlar os riscos por vezes presentes e fáceis de serem identificados. Elas devem utilizar medidas preventivas para se proteger contra possíveis "ataques" da concorrência.

Fazendo uma analogia com o dia a dia, após certa idade, os idosos são encorajados a praticarem atividades estimulantes para que o cérebro fique sempre em atividade, fazerem leituras diversas ou praticarem exportes, por exemplo. Isso também deve servir de espelho para as empresas sem fins lucrativos, estimulando as iniciativas de empreendedorismo e inovação, a fim de evitar o declínio e a fase da crise.

O ciclo de vida da organização sem fins lucrativos deve ser um instrumento útil para que o corpo diretivo, ou conselho, avalie a melhor forma de contratar a equipe gerencial e a equipe de "chão de fábrica" (quem fica na ponta do processo produtivo ou de prestação de serviços).

Uma forma de trazer os colaboradores para perto da direção, e conseguir bons resultados através da equipe, é instituir a prática de capturar ideias de todos, em um processo claro e continuo com prêmios condizentes e divulgação de resultados, indo ao encontro de um dos passos da pirâmide da hierarquia das necessidades de Maslow (realização pessoal).

A forma de você, leitor, utilizar este quadro, ou o próprio desenho do ciclo da sua organização, é simples. Basta imprimir o quadro e distribuir para que a própria equipe identifique em que fase está a sua empresa e, em grupo, chegar a propostas de melhorias e de condução dos processos e projetos em andamento ou por vir.

Analisaremos a seguir a visão de alguns outros autores importantes.

Miller e Friesen (1984) apud Bruno, Necyk e Frezatti (2008) pesquisaram 161 períodos da história de 36 empresas, classificando o resultado através de cinco estágios de desenvolvimento: Nascimento, Crescimento, Maturidade, Rejuvenescimento e Declínio:

- Estágio um: Nascimento, onde as organizações são recém iniciadas e, portanto, ainda tem uma estrutura informal, pois o fundador é presente na maior parte do tempo e está disposto a assumir riscos;
- Estágio dois: Crescimento, onde as empresas estão em crescimento e já atingiram porte médio, conquistando diversos acionistas, com isso já tendo estruturas mais estabelecidas, com sistemas de informação em desenvolvimento e com crescimento rápido já que as linhas de produtos diversificados estimulam as vendas;
- Estágio três: Maturidade, onde as empresas estão maiores com ambientes competitivos, a estrutura agora é formal, com funções definidas, sistemas de informação ainda em desenvolvimento, mas com produtos consolidados. Neste estágio o crescimento, outrora rápido, é menor;
- Estágio quatro: Rejuvenescimento, onde as empresas já estão com grande porte, sistemas de informações consolidados e tomadas de decisão hierarquizadas. Neste estágio há muitas inovações e muitos produtos e mercados;
- Estágio cinco: Declínio, onde há problemas sérios de comunicação entre as unidades funcionais, o sistema de informações é pouco sofisticado, há muita aversão ao risco, com isso estagnando o crescimento, levando ao fechamento de filiais, redução de preços e demissão de funcionários.

Os autores citam que esta sequência de estágios não é irreversível e o tempo dispendido em cada fase varia entre empresas.

Lester, Parnell e Carraher (2003) consideram quatro indicadores: tamanho da empresa, estrutura organizacional, processamento de informações e tomada de decisão para servirem de suporte aos cinco estágios do ciclo de vida (nascimento, expansão, consolidação, diversificação e declínio). Os principais argumentos para a escolha dessa abordagem são:

- O modelo não foi projetado apenas para pequenas empresas e nem foi previsto para grandes corporações, sendo relevante para organizações de grande porte;
- O modelo é relevante para todas as organizações, pois incorpora as melhores características de diversos outros;
- O modelo reconhece o declínio como um estágio em separado, com um conjunto de atividades e estruturas.

Os cinco estágios são:

- Estágio um: Existência. É o estágio do nascimento ou empreendedor. É a fase inicial do desenvolvimento organizacional, com foco na viabilidade do negócio e na identificação de um número de consumidores que dê suporte à existência da organização. As organizações podem criar o seu próprio ambiente ou decretar falência;
- Estágio dois: Sobrevivência. É o estágio onde as empresas buscam crescimento, montando a sua estrutura e estabelecendo suas competências. As metas são formalizadas aqui, sendo a principal delas a geração de lucro suficiente para manter a operação e manter a empresa competitiva. Diversas organizações têm bom desempenho nesse estágio e seguem para o próximo, enquanto outras não conseguem ter retorno financeiro suficiente e fecham;
- Estágio três: Sucesso. Também denominado Maturidade (como no modelo de Adizes, 1979), é onde a burocracia e as normas estão se consolidando, onde surgem descrições de função, políticas e procedimentos em que as hierarquias estão sendo respeitadas e formalizadas. É um ponto onde já se passou do teste de sobrevivência e as empresas estão se preocupando em proteger o que já conseguiram ao invés de atingir novos territórios. Há o foco em planejamento e estratégia, deixando as atividades do dia a dia para os gerentes intermediários;
- Estágio quatro: Renovação. Representa a vontade de retornar a um período anterior com estrutura mais enxuta, onde os colaboradores exalavam inovação e criatividade. Essa criatividade pode ser facilitada através de estruturas matriciais (ver Figura 38). Os colaboradores são estimulados dentro do ambiente burocrático, mas sem estimular a burocracia. O foco é nos consumidores;

- Estágio cinco: Declínio. Quando os membros da organização estão mais preocupados com as próprias metas, com a demonstração de poder. Em algumas organizações haverá menor lucro e a perda da fatia de mercado. A necessidade por demonstrar poder e influência de estágios impede a viabilidade da organização.

Greiner (1972) propõe analisar o crescimento das organizações em cinco fases: 1) criatividade, 2) direção, 3) delegação, 4) coordenação e 5) colaboração.

Cada fase é caracterizada por um estilo de gerenciamento dominante utilizado para alcançar o crescimento e que precisa ser resolvido antes que o crescimento aconteça.

A Figura 38 indica fases de crescimento que podem acontecer durante um longo período, mas é possível que haja empresas que estejam em um ramo que propicia crescimento rápido, então os estágios são alcançados em um período menor.

Figura 38 - Cinco Fases do Crescimento Segundo Greiner (1997)

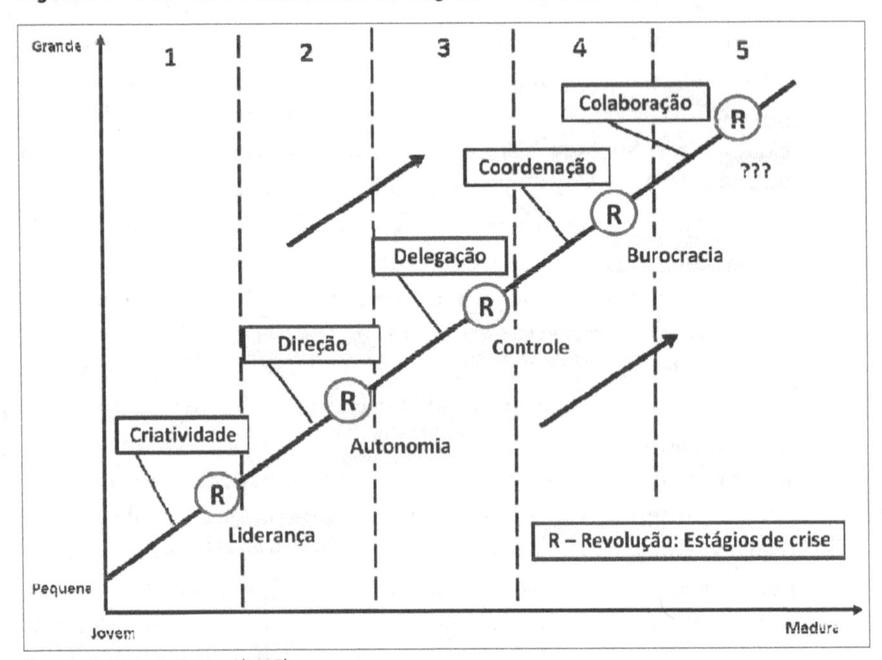

Fonte: adaptado de Greiner (1997)

Cada fase é representada por sua evolução e seus respectivos estágios de crise ("Revolução") e cada estágio de crise deve ser resolvido antes de ir para o estágio seguinte. Não é possível retornar ao estágio anterior para buscar uma solução, visto que ela deve ser buscada dentro da própria fase. Greiner (1997) cita que se a empresa está experimentando crise na fase 2 ("direção"), deve adotar um novo estilo ("delegação") para conseguir seguir adiante (ver quadro 5).

Quadro 5 - Práticas Organizacionais nas Cinco Fases de Crescimento

Categoria	Fase 1: Criatividade	Fase 2: Direção	Fase 3: Delegação	Fase 4: Coordenação	Fase 5: Colaboração
Foco no Gerenciamento	Venda	Eficiência das operações	Expansão do mercado	Consolidação da Organização	Resolução de Problemas e inovação
Estrutura Organizacional	Informal	Centralizada e funcional	Descen-tralizada e Geográfica	Equipe em linha grupos de produtos	Matriz de times
Estilo da direção	Individualista e empreendedor	Estilo de Líder Direcionador	Delegação	Detalhista	Participativo
Sistema de controle	Resultados	Padrões e cen-tros de custos	Relatórios e centros de lucro	Planos e centros de investimento	Definição de metas mútuas
Ênfase na premiação dos gerentes	Proprietário	Salários e incen-tivos por mérito	Bônus individuais	Distribuição de lucros e opções por ações	Bônus para o time

Fonte: Adaptado de Greiner (1997)

Fase um: Criatividade

No estágio inicial da organização, a ênfase é em criar tanto um produto quanto um mercado. O corpo gerencial está preocupado em vender, a estrutura organizacional é informal, a comunicação com os empregados é frequente e informal, os salários são ainda baixos e há muitas horas de trabalho com a promessa de que os salários aumentarão conforme a empresa progredir. Nessa fase ocorre a crise de liderança, a primeira revolução (Greiner, 1997).

Fase dois: Direção

As empresas que conseguem sobreviver à primeira fase já buscam eficiência nas operações. A estrutura é ajustada para que os processos de venda sejam separados dos de compra, que serão separados dos processos de almoxarifado (o usual "quem compra não vende e nem armazena"). Sistemas de informações gerenciais são implantados, com criação de centros de custos. Neste momento há a criação dos sistemas de incentivos com estabelecimento de padrões e elaboração de indicadores de desempenho: tanto os KPIs – *Key Performance Indicators*, ou Indicadores de Desempenho Principais – quanto os OKRs –*Objectives and Key Results*, ou Objetivos e Resultados Principais (ADIZES, 1979). O estilo de liderança é o direcionador, onde os principais executivos e os gerentes assumem a Responsabilidade Corporativa para indicarem os direcionamentos.

Neste ponto pode surgir a Crise de Autonomia, que pode ser resolvida com mais delegação aos gerentes. É uma etapa complicada, pois o corpo diretivo conseguiu sucesso com o estilo centralizador e os gerentes de linha não estão acostumados a tomar decisões por si próprios. Esse estilo de gerenciamento pode desagradar a alguns empregados com consequente pedidos de demissão.

Fase três: Delegação

O sucesso dessa fase está na estrutura organizacional descentralizada, em que se dá muita Responsabilidade Corporativa aos gerentes, com distribuição de bônus individuais para motivar os empregados. O corpo diretivo atua administrando por exceção, baseado nas informações subtraídas dos sistemas de informações gerenciais implantados na fase anterior (GREINER, 1997).

A comunicação com o topo da estrutura não é muito frequente, sendo própria das reuniões ou visitas às filiais. Neste ponto surge uma crise, quando o corpo diretivo percebe que os gerentes das filiais e da própria sede estão tendo muita liberdade para tomar decisões envolvendo recursos financeiros, humanos e tecnológicos.

É a crise de controle, onde os executivos-chave tentam um retorno ao gerenciamento centralizado, o que pode ser impossível, pois a empresa cresceu a um ponto em que não poderá retornar. As empresas que conseguem passar por esta crise encontram a solução na utilização de técnicas gerenciais mais elaboradas e modernas.

Fase quatro: Coordenação

É a fase da consolidação da organização, onde o uso intensivo dos sistemas de informações é comum. Nessa fase, as unidades descentralizadas são reunidas em grupos de produtos, que são tratados como centros de investimentos com aferição do retorno sobre o capital investido, um dos critérios utilizados para alocar os fundos (GREINER, 1997).

Algumas funções técnicas são centralizadas na sede da empresa, enquanto o gerenciamento das atividades do dia a dia continua descentralizado. Entram em prática os programas de distribuição de lucros e a possibilidade de comprar ações da companhia pelos empregados. Há contratação de diversos executivos e pessoal de linha para colocar o planejamento em prática, iniciando programas de controle e aferição de resultados em todos os níveis gerenciais e de linha.

Aqui surge a revolução da burocracia, da formalidade, do excesso de regras e regulamentos que causam transtornos aos processos. É onde os procedimentos tomam o lugar das ideias inovadoras e as normas a serem seguidas atrapalham o sistema, gerando desconfianças entre equipes. A empresa está muito grande para ser administrada utilizando sistemas rígidos de controle.

Fase cinco: Colaboração

É a fase em que se vê a maior colaboração interpessoal, a fim de ultrapassar a crise da burocracia do estágio anterior. Enquanto a fase quatro estava preocupada com formalismos e procedimentos, aqui a ênfase é no gerenciamento com os times e nos inter-relacionamentos pessoais. Os pontos-chave agora são a resolução de problemas através dos times e a criação de uma estrutura matricial onde há a combinação dos times certos para resolver problemas.

Neste ponto teremos o treinamento dos gerentes em habilidades comportamentais e resolução de conflitos. Em vez de pessoais, as bonificações serão para os times. Greiner (1997) imagina que a revolução poderá surgir desse estágio de colaboração, e estará centrada no lado emocional e físico dos times, precisando trabalhar intensamente e com a pressão da introdução de soluções inovadoras.

O Project Management Institute (PMI) – Instituto de Gerenciamento de Projetos –, é uma instituição sem fins lucrativos fundada em 1969 por cinco voluntários na cidade da Filadélfia, estado da Pensilvânia, nos Estados Unidos. Em janeiro de 2020, o PMI tinha 663.437 membros em 213 países, sendo 10.123 no Brasil[1], e suas diretrizes são seguidas e praticadas por empresas de diversos portes, dos mais diversos ramos de atividades, no mundo inteiro.

Em 1987, os conceitos do PMI foram consolidados em um guia chamado PMBOK® – Guide to the Project Management Body of Knowledge (Guia do Conjunto de Conhecimentos em Gerenciamento de Projetos). O Guia PMBOK® oferece uma estrutura básica para entender gestão de projetos e o ambiente no qual o projeto ocorre. Oferece também uma visão geral de como os diversos processos de gestão de projetos interagem (PMI, 2016). Os processos listados no PMBOK® são adotados para garantir a consistência na forma de conduzir os projetos, facilitando, por exemplo, a atuação em empresas com operações em diversos países. As organizações criam suas próprias metodologias de desenvolvimento de projetos baseadas nas estruturas do PMBOK®.

O Gerenciamento de Projetos é composto por processos conduzidos durante todo o seu ciclo de vida, garantindo que o produto acordado entre contratante e contratado – mesmo que clientes internos – seja entregue de acordo com o Plano de Projeto definido. Nesse plano constam – entre outros tópicos – o escopo, o cronograma, os custos do projeto por processo e conjunto de atividades, e os prazos – atendendo aos critérios de qualidade identificados como importantes para o efetivo esforço de gerenciamento do projeto.

---

[1] SOTILLE, Mauro. "Estatísticas sobre o PMI". *PMTech Blog*, 05 jun. 2022. Disponível em: https://blog.pmtech.com.br/dados-estatisticos/. Acesso em 30 jun. 2022.

O Gerenciamento do Projeto é o conjunto de ações que precisarão ser conduzidas em todas as dimensões do projeto, durante todo o seu ciclo de vida, para garantir que os produtos aguardados serão entregues de acordo com o plano estabelecido, atendendo aos critérios de qualidade acordados junto às partes envolvidas e respeitando premissas e restrições definidas, dentre elas, o custo orçado e o tempo estabelecido. Para garantir que tudo será entregue de acordo com o plano, é necessário gerenciar o projeto.

Gerenciamento de Projetos (GP) se trata de um conjunto de ferramentas e técnicas mundialmente reconhecidas onde é possível "escolher" os processos que serão utilizados em cada projeto e alcançar assim uma metodologia que garanta a melhor forma de gerenciá-los.

Projeto é um esforço temporário, com início e fim pré-definidos, para se criar um resultado exclusivo. Quando o empreendimento é encerrado, se tem um produto ou um serviço que será inserido na rotina do usuário. Pode ser a construção de um prédio, ou o projeto executivo para construí-lo; o desenvolvimento e a implantação de um software; o aperfeiçoamento de novos processos numa linha de produção; uma campanha publicitária; a compra e instalação de um novo equipamento num hospital etc. Enfim, pode ser tudo isso e muito mais.

O guia define que, para que cada processo de gerenciamento seja trabalhado, há a necessidade de coletar certas informações que servirão de entradas para esse processo. Uma vez recebidas, precisarão ser trabalhadas por meio de ferramentas e técnicas específicas, com a finalidade de gerar os produtos esperados para o processo em questão, conforme mostra a Figura 39.

O sucesso de um projeto depende de várias questões envolvendo aspectos técnicos, que por vezes são colocados em primeiro plano.

Seguramente, ainda que todos os aspectos técnicos do projeto estejam muito bem planejados, será grande a probabilidade de o projeto ter uma ou várias de suas frentes comprometidas se o fator humano não for considerado e devidamente trabalhado desde o início, durante todo o seu ciclo de vida e mesmo após o seu encerramento.

A razão é assegurar que os principais produtos ou serviços a serem gerados, após liberados para uso, serão incorporados de maneira adequada, evitando boicote de eventuais *stakeholders*, principalmente dos maiores afetados pelas entregas do projeto. Como todo projeto gera algo novo, alguma mudança deve ser esperada. E, com ela, alguma resistência por parte das pessoas (CIERCO et al., 2015).

Conforme citam Valle et al. (2013), a organização do projeto por meio de fases possibilita a sua segmentação em subconjuntos logicamente relacionados, visando facilitar as ações de gerenciamento. A quantidade de fases e o grau de controle a ser aplicado são função, principalmente, do porte, complexidade e impacto potencial do projeto.

A decomposição do projeto em fases ocorre em sintonia com o pensamento cartesiano, criado por René Descartes, de dividir as coisas em suas unidades mais simples e nelas atuar, por serem mais fáceis e viáveis de serem analisadas e trabalhadas. Assim, dividimos um projeto em partes menores, visando facilitar as ações de gerenciamento.

As fases do projeto possuem características semelhantes (PMI, 2012). Cada fase envolve a conclusão de um produto que será continuado na fase subsequente, continuamente, até a conclusão projeto. Em cada uma dessas fases é desejável que haja uma revisão dos processos e procedimentos, a fim de otimizar a entrega contínua de suas etapas.

Geralmente as fases são sequenciais e não se sobrepõem, ou seja, uma fase inicia quando a outra termina. Contudo, em certos casos, as características dos projetos e do contexto no qual eles são desenvolvidos podem demandar a execução de fases em paralelo.

- No caso de fases sequenciais, o encerramento de uma fase termina com alguma forma de transferência ou entrega do trabalho produzido e, caso necessário, o final da fase representa um ponto natural de reavaliação dos esforços em andamento e de modificação ou término do projeto;
- O trabalho desenvolvido na fase tem um foco diferente de quaisquer outras e, geralmente, envolve diferentes organizações e conjuntos de habilidades;
- A principal entrega ou objetivo da fase requer um grau superior de controle para ser atingido com sucesso.

No início de cada fase são definidos o trabalho a ser executado e os recursos demandados pelas atividades; o fim de uma fase é marcado por uma revisão dos produtos e do desempenho do que foi produzido até o momento e, à medida que as fases avançam, geralmente os custos crescem, os riscos decrescem, bem como a capacidade dos profissionais para modificar qualquer parte do projeto.

Quando a fase é encerrada, todas as entregas são revistas, a fim de que o resultado seja confirmado ou reavaliado, para que o projeto possa avançar para as próximas fases. Essa forma de gerenciamento de projetos varia, pois há projetos onde a participação do contratante é importante em todas as etapas, a fim de que ele veja o que está sendo desenvolvido (metodologia Ágil, preconiza essa forma, por exemplo) e possa ter uma visão do projeto no passo a passo.

Há projetos onde não há tanta flexibilidade. Um navio, por exemplo, precisa ter o seu casco montado para que a parte estrutural, as máquinas, sejam instalados simultaneamente dentro da estrutura em blocos. Nesse tipo de conformação, denominado "Construção Modular", todos esses blocos precisam estar previamente projetados, e bem detalhados, para que possam ser montados e ajustados dentro do casco. Um centímetro que não seja produzido de acordo com o projeto previamente aprovado pode ocasionar atrasos e retorno para as oficinas das unidades de produção.

Tipicamente, alguns projetos não possibilitam que uma fase seja iniciada sem que haja uma validação formal da fase precedente. Por exemplo, o projeto de construção de um edifício normalmente não avança para a fase de construção sem que a de projetos (arquitetônico, estrutural, complementares etc.) esteja concluída.

Por outro lado, é possível que fases tradicionalmente sequenciadas sejam iniciadas em paralelo por uma organização que aceite incorrer riscos de retrabalho para o alcance de prazos incisivos – por exemplo, um projeto de desenvolvimento de software que inicia a fase de desenvolvimento de programas sem que toda a fase de especificações esteja totalmente concluída.

As fases, geralmente, são determinadas de acordo com as práticas da indústria na qual está inserido o projeto e da organização que o promove, sendo típicas de um determinado produto de projeto.

Desta forma, é comum encontrarmos projetos de áreas distintas com ciclos de vida e fases totalmente distintos.

Não há um modelo fixo de quais serão os componentes das fases dos projetos, pois mesmo na literatura, no PMBOK inclusive, encontramos indicações, ou sugestões, de como aplicar os conceitos do Ciclo de Vida nos projetos. Cada tipo de indústria utiliza o conceito da forma adequada às suas necessidades.

Em projetos de Tecnologia de Informação, há análise dos requisitos, modelagem de dados e testes, finalizando com a implementação da solução prevista. Numa plataforma de petróleo, por exemplo, teremos o projeto conceitual, o projeto básico, o detalhamento, a execução e a operação. Nas possíveis etapas da construção de uma usina hidrelétrica teríamos desde a montagem e instalação do canteiro de obras à terraplanagem, construção da estrutura de concreto e a confirmação de que todos os componentes foram instalados e testados de acordo com o previsto no projeto (VALLE et.al, 2014).

Um projeto de desenvolvimento de sistemas poderia ter as fases de levantamento e análise de requisitos, modelagem, codificação, testes e implementação; um projeto de construção de uma plataforma de petróleo poderia ser dividido em projeto conceitual, projeto básico, projeto detalhado, execução e operação; já as fases da etapa de construção de uma hidrelétrica poderiam ser mobilização e instalação do canteiro de obras, escavação e terraplanagem, construção de estrutura de concreto, montagem eletromecânica, comissionamento, desmontagem de instalações e desmobilização.

Figura 39 – Ciclo de Vida dos Projetos

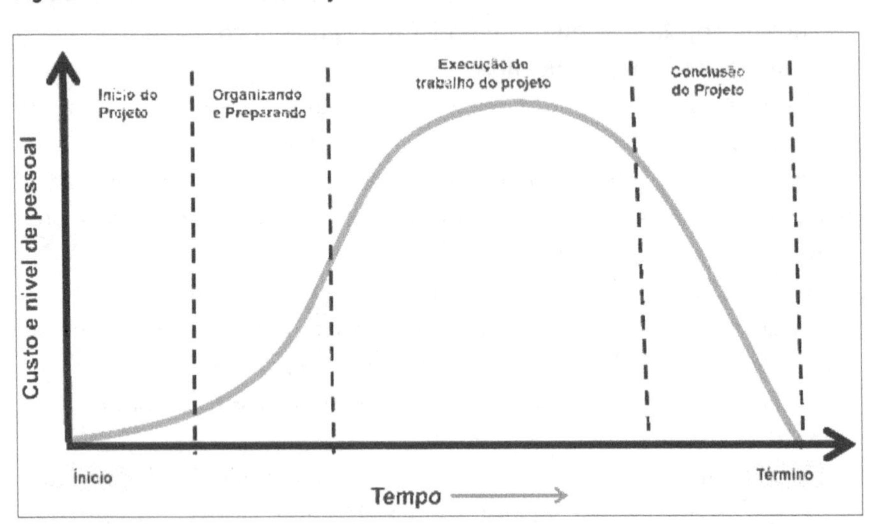

Fonte: Adaptação de PMI, 2012

4.2. Nascimento e crescimento das organizações

Jones (2013) indica que o crescimento organizacional segue até determinado estágio, podendo nele permanecer por algum tempo e depois prosseguir com crescimento ou ir para o declínio e consequentemente a morte.

Uma empresa em declínio pode ser incapaz de atrair recursos financeiros de bancos, clientes ou recursos humanos, porque normalmente os melhores gerentes ou funcionários preferem trabalhar para as organizações mais bem-sucedidas. O declínio pode ocorrer quando a empresa cresce muito rápido e se acomoda em seguida. A Figura 40 mostra o relacionamento entre o tamanho da organização com sua eficácia.

Figura 40 - Relacionamento entre Eficácia e Tamanho das Organizações

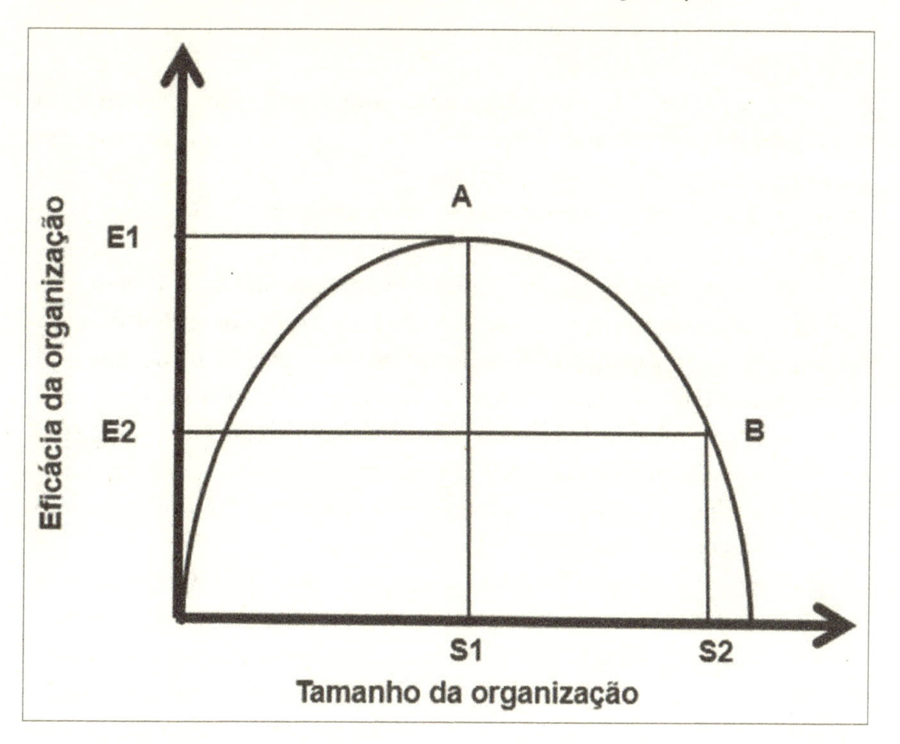

Fonte: Adaptado de Jones (2013)

A Figura 40 mostra que a maior eficácia organizacional (E1) está no ponto A, que corresponde a um tamanho de organização S1. Ao crescer deste ponto S1 para o ponto S2, a eficácia cai para o ponto B.

O que pode acontecer é que a empresa fique com dificuldade de se adaptar às mudanças no ambiente organizacional, causando inércia. E como o mercado não perdoa, os concorrentes estão na espreita e aproveitam qualquer oportunidade para avançar no ramo de negócios. Você, leitor, quantas vezes não viu isso acontecer? Empresas que desaparecem rapidamente após ter tido sucesso?

4.2.1. Inércia organizacional

Essa inércia organizacional pode ser decorrente de alguns fatores, segundo Jones (2013):

Aversão ao Risco: Muito comum pois, conforme as empresas crescem, os gestores se acomodam e preferem não arriscar, afinal em time que está ganhando não se mexe. Isso faz com que o tempo seja inimigo dessas organizações, afinal conforme o tempo passa, fica mais difícil de arrumar a casa.

Os gestores preferem garantir as suas posições de prestígio. Porém, com o tempo, as estruturas tornam-se enraizadas e fica mais difícil de colocar em prática um plano de reestruturação. Às vezes, o nicho que uma organização ocupa se corrói, e os gestores não têm mais o incentivo ou a capacidade para mudar de estratégia e melhorar o acesso da organização aos recursos. Há também os casos em que os gestores tentam perpetuar o sucesso escolhendo projetos similares aos já existentes, lançando produtos parecidos apenas com poucas modificações.

Maximizar recompensas: Estudos mostram que o desejo dos gestores em permanecer com o seu prestígio junto ao ambiente organizacional e, muitas vezes, com a realização de bônus anuais, mesmo sem estarem atrelados ao desempenho, faz com que as organizações permaneçam sem movimento ou, o que é pior, tracem estratégias organizacionais que aumentam o tamanho das organizações, mesmo que isso reduza a rentabilidade futura.

Daft (2007) menciona muitas equipes de gestão de grandes empresas, como Goodyear e Kodak, que foram acusadas de perseguir seus próprios objetivos em detrimento de acionistas, clientes e outras partes interessadas. O corpo diretivo dessas organizações não tinha qualquer incentivo para melhorar a eficácia organizacional, pois não teriam qualquer ganho pessoal ao fazê-lo. Algo semelhante aconteceu com a IBM e com a Xerox, que somente conseguiram voltar ao mercado quando novas equipes assumiram o controle.

Há outros exemplos, como a Tyco, Enron e Arthur Andersen, cuja busca por interesse pessoal levou a atos antiéticos e ilegais, que resultaram na queda dessas empresas (JONES, 2013).

Burocracia Excessiva: Em grandes empresas, os gestores tendem a querer aumentar os seus domínios organizacionais contratando mais subordinados ao invés de alcançar os interesses da empresa como um todo.

A ideia é que contratando subordinados, consegue-se algumas distâncias dos possíveis rivais. Alguns gestores, por exemplo, têm a tendência a não aceitar iniciativas dos subordinados, sendo necessária a intervenção de consultores externos que possam – com uma visão de fora da empresa – mostrar os caminhos a serem seguidos. Muitas vezes, esses consultores simplesmente repetem boas ideias que já haviam sido objeto de tentativas de abordagem dos subordinados e que, na ocasião, não obtiveram resultado.

Outra forma é desenvolver uma cultura burocrática que enfatize a manutenção do status quo e a necessidade de manter a conformidade com os procedimentos organizacionais. Tal cultura não é benéfica para uma grande empresa que luta pela sobrevivência em um ambiente incerto.

Embora o comportamento dos gestores às vezes seja uma das principais causas de inércia organizacional e declínio, é importante perceber que os gestores podem não estar deliberadamente tentando prejudicar a organização.

A burocratização e a aversão ao risco podem aparecer inesperadamente nas organizações.

Mudanças no meio ambiente: Mudanças ambientais que afetam a capacidade de uma organização de obter recursos escassos podem levar ao declínio organizacional.

Como visto anteriormente, as principais fontes de incerteza no ambiente são a complexidade, o número de forças diferentes que uma organização tem que gerenciar, dinamismo, o grau em que o ambiente está mudando, riqueza e a quantidade de recursos disponíveis no meio ambiente.

Quanto maior a incerteza no meio ambiente, maior a probabilidade de que algumas organizações, especialmente afetadas pela inércia, entrem em declínio, que foi o que aconteceu com a AOL e o Yahoo!, à medida que a demanda por novos tipos de aplicativos on-line, como redes sociais, tornou-se popular, fazendo com que os usuários migrassem para o Facebook (JONES, 2013).

4.3. Declínio e morte nas organizações

Aqui discutimos um modelo que traça os principais estágios do processo de declínio, assim como o modelo de Greiner mapeou os principais estágios do processo de crescimento.

O modelo de declínio organizacional de Weitzel e Jonsson (1989 apud JONES, 2013) ocorre por graus.

Weitzel e Jonsson identificaram cinco estágios de declínio. Percebe-se que em cada etapa, exceto na etapa de dissolução, se os gestores tomarem medidas imediatas, poderão reverter o declínio.

Primeiro estágio: Cegueira

Nesse estágio, as organizações são incapazes de reconhecer as forças internas ou externas e os problemas que ameaçam sua sobrevivência no longo prazo.

A razão mais comum para essa cegueira é que as organizações não têm em vigor os sistemas de monitoramento e informação necessários para medir a eficácia organizacional e identificar fontes de inércia organizacional. Sinais internos que indicam problemas potenciais são um número excessivo de funcionários, uma desaceleração na tomada de decisões, um aumento do conflito entre unidades departamentais e queda nos lucros.

Para evitar o declínio, em primeiro lugar, os gestores devem ser capazes de monitorar continuamente fatores internos e externos, para que tenham as informações que os ajudem a tomar medidas corretivas oportunas.

Segundo estágio: Inércia

Se uma organização não percebe que está em apuros na fase da cegueira, seu declínio avança para a fase de inércia, onde muito embora surjam sinais claros de que a situação está ruim, como queda nas vendas e lucros diminuindo, o corpo diretivo não pensa em corrigir os rumos da empresa, quer seja por considerar que a situação desfavorável seja passageira, ou porque as informações que chegam para as tomadas de decisão estejam incompletas.

Os gestores podem decidir que seus problemas são devido a uma mudança de curto prazo que a organização pode enfrentar, enquanto na realidade houve um choque no ambiente organizacional, por exemplo uma mudança no desejo dos consumidores em ouvir música via serviço de música digital – Spotify –, ao invés de adquirir CDs.

À medida que o estágio de inércia progride, a diferença entre desempenho aceitável e desempenho real aumenta, fazendo com que os gestores precisem agir com rapidez para reverter o declínio, reduzindo o quadro de funcionários, alterando o espectro de atuação da empresa, por exemplo.

Terceiro estágio: Ação Deficiente

Se o corpo diretivo não conseguir parar o declínio na fase da inércia, a organização entrará na fase de ação deficiente. A entrada nessa fase crítica se dá por tomadas de ação equivocadas na etapa anterior e agora a situação fica mais difícil de ser revertida. Muitas vezes os gestores temem que mudanças radicais possam ameaçar a forma como a organização opera e colocá-la em risco.

Por exemplo, por causa da inércia organizacional, os últimos cinco CEOs da Kodak foram incapazes ou não estavam dispostos a fazer as radicais mudanças estruturais e estratégicas, necessárias para virar a empresa.

Só depois, Antonio Perez, CEO, assumiu a Kodak, comprometendo-se com a realidade competitiva da imagem digital e cortou sua força de trabalho e instalações, uma gestão que está sendo continuada com Jim Continenza, atual CEO da Kodak.

Muitas vezes, uma organização chega ao estágio de ação deficiente porque os gestores se tornam excessivamente comprometidos com suas estratégias e estrutura atuais e temem mudá-las mesmo que claramente não estejam trabalhando para impedir o declínio.

Quarto estágio: Crise

Quando a fase de crise chega, apenas mudanças radicais de cima para baixo na estratégia e na estrutura de uma organização podem parar o rápido declínio de uma empresa e aumentar suas chances de sobrevivência. Nessa fase, a organização atingiu um ponto crítico e a única chance de recuperação é uma grande reorganização que provavelmente mudará a própria natureza de sua cultura para sempre.

Aqui, os melhores gestores já podem ter saído por causa da briga na equipe de alta gestão; os investidores podem não estar dispostos a arriscar emprestar seu dinheiro para a organização; os fornecedores podem estar relutantes em enviar os insumos de que a empresa precisa porque estão preocupados sobre se receberão pagamento.

Muitas vezes, nessa fase de crise, apenas uma nova equipe de alta gestão pode virar uma empresa. Para superar a inércia, uma organização precisa de novas ideias para que possa se adaptar e mudar em resposta a novas condições no ambiente.

Quinto e último estágio: Dissolução (morte da organização)

Quando uma organização chega ao estágio de dissolução, ela não pode se recuperar, e o declínio é irreversível, pois já perdeu o apoio de seus *stakeholders* e seu acesso a recursos diminui à medida que sua reputação e mercados desaparecem.

Se uma nova equipe gerencial for contratada, é provável que não tenham recursos organizacionais para instituir uma reviravolta bem-sucedida e desenvolver novas rotinas, fazendo com que a organização não tenha escolha a não ser liquidar os seus ativos e entrar em um processo de recuperação judicial – antiga concordata – onde tentará ainda um último suspiro.

Não tendo essa opção, somente surge a necessidade de dar entrada em um processo de falência. A organização não terá escolha a não ser desfazer seus recursos restantes ou liquidar seus ativos e entrar em processo de falência final.

Em ambos os casos, a empresa se move para a dissolução, e a morte organizacional é o resultado. Cerimônias formais de encerramento ou despedida servem como uma forma de cortar os laços dos membros com a organização e ajudá-los a se concentrar em seus novos papéis fora da organização.

De fato, os processos de crescimento e declínio estão intimamente relacionados uns com os outros: os sintomas de declínio muitas vezes sinalizam que um novo caminho deve ser tomado, se uma organização está novamente crescendo com sucesso. Para tanto, conforme abordado constantemente nos capítulos anteriores, no campo da aplicabilidade para as organizações, reforçou-se a necessidade de sempre identificar as características de cada etapa do ciclo de vida organizacional. Também insistimos na elaboração de estratégias factíveis para cada etapa do ciclo de vida das organizações.

Neste capítulo aprofundamos o estudo do Ciclo de Vida das Organizações, apresentando exemplos e analisando as formas de crescimento e possíveis desdobramentos que as empresas tomam durante a sua existência.

Conclusão

Os desafios das organizações em manter e prospectar novos clientes têm aumentado enormemente, quer seja pelo caráter volátil das relações empresariais, com suas trocas com o ambiente, quer seja pela tentativa de ser o mais eficaz possível em curtos espaços de tempo. Estudar e entender essas relações leva a um modelo de Governança e ESG que seja envolvente e que permita atividades flexíveis, mas administráveis, no dia a dia, inseridas na respectiva Estrutura organizacional.

A ciência por trás do estudo da Governança e ESG está em entender os diversos desenhos organizacionais e como eles impactam na Estrutura organizacional como um todo, acompanhando o ciclo de vida das organizações e qual é a necessidade de elas existirem. Dentro desses mais variados desenhos organizacionais, e quanto seu ao impacto na Estrutura organizacional, recomendamos um desdobramento de um conjunto de medidas de aplicabilidade prática quanto aos produtos e plataformas ESG customizadas, o que pode proporcionar aos gestores, oportunidades de investimentos e de promoção da sua proposta de valor aos clientes.

Dentro dessa recomendação, ressaltamos que a gradativa onda de crescimento em investimentos ESG, inserida na Governança corporativa e dentro da respectiva Estrutura organizacional, provavelmente pode ser incrementada por gestores que usam indicadores de ESG de alta qualidade para aumentar a oportunidade de negócios, quando customizados de acordo com a realidade do contexto de negócios relativo. Pode-se, assim, estimular os gestores a identificar oportunidades para promover sua respectiva proposta de valor aos clientes dentro do seu cenário.

ESG pode ser também uma linha estratégica quanto ao gerenciamento de risco eficaz e um caminho para aperfeiçoar o desempenho, pois dentro da referida Estrutura organizacional, deve ser inserida de maneira crível no modelo de negócios de gestão de investimentos, de forma também a atrair talentos. O consequente avanço em investimentos ambientais, sociais e governamentais apresenta possibilidades de riscos diferentes para diferentes setores, mas frequentemente podemos perceber padrões nos negócios em relação a como as empresas atuam. Dentro de uma Estrutura organizacional, destacamos os principais aspectos ESG que possuem campo de evolução no Brasil. Para tanto, recomendamos a continuidade dos estudos, principalmente sobre as medidas anticorrupção, gestão de mão de obra e gestão da Governança corporativa, pois sinalizam os maiores riscos emergentes ao sistema de Governança corporativa e afetam diretamente a Estrutura organizacional.

Por fim, Governança e ESG é um assunto envolvente que nos transporta para dentro das empresas, do seu cotidiano, dos seus desafios, ameaças e oportunidades, que aparecem dentro de um Plano de Negócios mas que também são vivenciados por todos, desde os diversos conselhos até o cliente externo – neste caso, dentro do prisma de sua respectiva Estrutura organizacional. As diversas teorias (*stakeholders*, custos de transação e dependência de recursos, entre outras) dão um suporte sistêmico para a organização conseguir tomar decisões acertadas dentro de uma realidade volátil. Esperamos que o leitor, assim como nós, sinta-se impelido a ter este livro como um marco de referência inicial para estudos mais aprofundados direcionados a cada um de seus respectivos mecanismos.

Referências

ADIZES, Ichak. "Organizational Passages – Diagnosing and Treating Lifecycle Problems of Organizations". *Organizational Dynamics*, v. 8, n. 1 (1979), pp. 3-25.

ADIZES, Ichak. *Corporate Lifecycles: How and Why Corporations Grow and Die and What to do About it.* Prentice Hall Press, 1990

ADIZES, Ichak. *Os Ciclos de Vida das Organizações: Como e Por Que as Empresas Crescem e Morrem e o Que Fazer a Respeito.* 4ª ed. São Paulo: Pioneira, 1998.

ALDRICH, H. E.; PFEFFER, J. "Environments of Organizations". *Annual Review of Sociology*, v. 2 (1976), pp. 79-105.

BARRETO, Jeanine dos Santos. *Processos gerenciais.* Porto Alegre: SAGAH, 2017. Disponível em. Acesso em: 18 set. 2020. https://www.faditu.edu.br/mec/mec_autorizacao_166695/3%20DOCUMENTOS%20DO%20CURSO/3.2%20Estrutura%20curricular%20com%20ementas%20e%20bibliografias%20por%20semestre/CST%20GEST%C3%83O%20EM%20PROCESSOS%20GERENCIAIS%20-%20EMENT%C3%81RIO.pdf

BENETH, N. LEMOINE, G. J. "What a Difference a Word Makes: Understanding Threats to Performance in a VUCA World". *Business Horizons*, v. 57, n. 3 (2014), pp. 311-317. https://www.sciencedirect.com/science/article/abs/pii/S0007681314000020

BERGUE, S. T. "Modelos de Gestão em Organizações Públicas: Teorias e Tecnologias para Análise e Transformação Organizacional". Caxias do Sul: Editora FGV, 2011. (possui livro físico, mesma página e conteúdo)

CARVALHAL da Silva, André Luiz.. CARVALHAL da Silva, André Luiz. *Governança Corporativa e Sucesso Empresarial: Melhores Práticas Para Aumentar o Valor da Firma.* 2ª ed. São Paulo: Editora Saraiva, 2019 – 2ª ed. São Paulo: Editora Saraiva, 2019. Disponível em https://integrada.minhabiblioteca.com.br/#/books/9788502220492/recent. Acesso em 28/09/2020 as 08:07.

CAVALCANTI, A. C. L.; AZEVEDO, L. C. S.; PINHEIRO, M. M. A. "O Impacto dos Custos de Transação Sobre a Terceirizações Governamentais: Enfoque Teórico". *Anais do IX Congresso Brasileiro de Custos.* São Paulo, 2002

CIERCO, A. et al. *Gestão de Projetos.* 1ª ed. Rio de Janeiro: Editora FGV, 2015.

DAFT, R.L. *Organization Theory and Design.* 9ª ed. Thomson, 2007

DTT – DELOITTE TOUCHE TOHMATSU. "Lei Sarbanes-Oxley – Guia para Melhorar a Governança e ESG Corporativa Através de Eficazes Controles Internos", 2019.

ELKINGTON, John. *Sustentabilidade: Canibais com Garfo e Faca.* São Paulo: M. Books do Brasil, 2012.

FREEMAN, R. Edward; McVea, John. "A Stakeholder Approach to Strategic Management". *SSRN*, 2001. Disponível em: https://ssrn.com/abstract=263511. Acesso em 02 jul. 2022.

GHOSHAL, S.; MORAN, P. "A Critique of the Transaction Cost Theory". *The Academy of Management Review*, v. 21, n. 1 (1996), pp. 13-47.

GIACOMELLI, Giancarlo et al. "Governança e ESG". Porto Alegre: SAGAH, 2017. Disponível em: https://integrada.minhabiblioteca.com.br/#/books/9788595021693/cfi/1!/4/4@0.00:57.8. Acesso em 13 ago. 2020.

GREINER, L.E., "Evolution and Revolution as Organizations Grow". *Harvard Business Review*, v. 50, n. 4 (1972), pp. 37-46.

GREINER, L. E. "Evolution and Revolution as Organizations Grow: A Company's Past has Clues for Management That are Critical to Future Success". *Family Business Review*, v. 10, ed. 4 (1997), pp. 397-409.

GUERALDI, R. G. "A Interface Entre os Setores Público e Privado: Uma Perspectiva Estratégica". *Anais do EnANPAD.* Salvador: ANPAD, 2006.

HALL, Richard H. "Organizations: Structures, Processes and Results". 8ª ed. Pearson Universidades, 2014. Disponível em: (possui livro físico, mesma página e conteúdo)

HAMILTON, E. A. "An Exploration of the Relationship Between Loss of Legitimacy and the Sudden Death of Organizations". *Group Organization Management*, v. 31, n. 3 (2006), pp.327-358.

HOGAN LOVELLS, Pablo Muelas. "ESG, la nueva ruta de la seda occidental. Una reflexión en clave asseguradora". *Expansión*, 14 jul. 2021. Disponível em:

https://www.expansion.com/juridico/opinion/2021/07/14/60eec322e5fdea94068b4644.html. Acesso em: 02 jul. 2022.

Horstmeyer, A. "The Generative Role of Curiosity in Soft Skills Development for Contemporary VUCA Environments". *Journal of Organizational Change Management*, 2020

IBGC – Instituto Brasileiro de Governança e ESG. "Código das Melhores Práticas de Governança e ESG". 5ª ed. São Paulo, 2015. Disponível em:. https://conhecimento.ibgc.org.br/Paginas/Publicacao.aspx?PubId=21138 Acesso em: 13 jul 2022

Jones, G. R. *Organizational Theory, Design, and Change.* Upper Saddle River, NJ: Prentice Hall, 2010

Jones, G. R. *Organizational Theory, Design, and Change.* 7ª ed. Pearson, 2013

Kato, H. T., Margarido, M. A. "Economia dos Custos de Transação (ECT): Análise do conflito das bananas". *Revista de Administração de Empresas*, v. 35, n. 4 (2000), pp. 13-21.

Klein, L. L; Pereira, B. A. D. "The Survival of Interorganizational Networks: A Proposal Based on Resource Dependence Theory". São Paulo: *RAM– Rev. Adm. Mackenzie*, v. 17, n. 4 (2016), pp. 153-175. Disponível em: https://www.scielo.br/j/ram/a/CqZbDLBZbNZcCYhrjNHhfjg/?lang=en. Acesso em 02 jul. 2022.

KPMG – KPMG Auditores Independentes, 2020. Disponível em: https://home.kpmg/br/pt/home/servicos/consultoria/risk-consulting/governanca-corporativa.html#:~:text=Diagn%C3%B3stico%20da%20Estrutura%20de%20Governan%C3%A7a,de%20governan%C3%A7a%2C%20nacionais%20e%20internacionais. Acesso em 13 jul. 2022.

Laasch, Oliver; Conaway, Roger N. *Fundamentos da Gestão Responsável: Sustentabilidade, Responsabilidade e Ética.* São Paulo: Cengage Learning, 2016

Lester, D. L.; Parnell, J. A.; Carraher, S. "Organizational Life Cycle: A Five Stage Empirical Scale". Bingley: *The International Journal of Organizational Analysis*, v.11, n. 4 (2003), pp.339-354.

Lopes, A.E.M.P. "Dependência de Recursos e Custos de Transação: Rumo a um Modelo Convergente". São Carlos: *Gest. Prod.*, v. 24, n. 4 (2017), pp. 806-813.

Mazzali, R. Ercolin, C. A. "Governança e ESG Corporativa". Rio de Janeiro: Editora FGV, 2018. Disponível em: (possui livro físico, mesma página e conteúdo)

Morgan, G. *Image of Organizations.* Sage Publications, 2006.

Motta, F. C. P.; Vasconcelos, I. F. G. *Teoria Geral da Administração.* 3ª ed. São Paulo: Cengage Learning, 2015

OLIVEIRA, D. P. R. *Sistemas, Organização e Métodos: Uma Abordagem Gerencial.* 17ª ed. São Paulo: Atlas, 2016.

OLIVEIRA, D. P. R. *Estrutura Organizacional: Uma Abordagem para Resultados e Competitividade.* 4ª ed. São Paulo: Editora: Atlas, 2016

PFEFFER, J., SALANCIK, G. R. *The External Control of Organizations: A Resource Dependence Perspective.* New York: Harper and Row, 1978.

PWC – PricewaterhouseCoopers. Disponível em: https://www.pwc.lu/en/sustainable-finance/docs/pwc-esg-report-the-growth-opportunity-of-the-century.pdf. Acesso em: 02 jul. 2022.

PROJECT MANAGEMENT INSTITUTE (PMI). *A Guide to the Project Management Body of Knowledge (PMBOK® Guide).* 6ª ed. Newtown Square, Pa.: Project Management Institute, 2017.

PROJECT MANAGEMENT INSTITUTE (PMI). *A Guide to the Project Management Body of Knowledge (PMBOK® Guide).* 5ª ed. Newtown Square, Pa.: Project Management Institute, 2012.

ROCHA, Thelma; GOLDSCHMIDT, Andrea (coords.). *Gestão dos Stakeholders: Como Gerenciar Relacionamento e a Comunicação Entre a Empresa e seus públicos de interesse.* 1ª ed. São Paulo: Saraiva, 2010.

ROSSETTI, Jose Paschoal; ANDRADE, Adriana. Governança Corporativa: Fundamentos, Desenvolvimentos e Tendências – 6ª Edição. São Paulo: Atlas, 2012.

ROSSETTO, C. R., ROSSETTO, A. M. "Teoria institucional e dependência de recursos na adaptação organizacional: uma visão complementar". *Revista de Administração de Empresas Eletrônica*, v. 4, n. 1 (2005).

SILVA, Edson Cordeiro da. "Governança e ESG nas Empresas". 4ª ed. São Paulo: Atlas, 2016. Disponível em: (possui livro físico, mesma página e conteúdo)

SOCIAL IMPACT ARCHITECTS. "How to Diagnose Nonprofit Growing Pains". *Medium*, 2016. Disponível em: https://medium.com/@socialtrendspot/how-to-diagnose-nonprofit-growing-pains-dc62dce5d529. Acesso em 02 jul. 2022.

STEVENS, Kenny S. *Nonprofit Lifecycles: Stage-based Wisdom for Nonprofit Capacity.* Long Lake, MN: Stagewise Enterprises, 2009

VALLE, A, et al. *Fundamentos do Gerenciamento de Projetos.* 3ª ed. Rio de Janeiro: Editora FGV, 2014

WEITZEL W., JONSSON, E., "Decline in Organizations: A Literature Integration and Extension". *Administrative Science Quarterly*, v. 34, n. 1 (1989), pp. 91-109.

WILLIAMSON, O. E. "Transaction Cost Economics and Organization Theory". *Industrial and Corporate Change*, v. 2, n. 2 (1993), pp. 107-156.

Glossário

- *Accountability*: Em tradução literal é "prestação de contas".
- *Estrutura Organizacional*: Conjunto amplo de características organizacionais a ser considerado pelos gestores e executivos da alta administração.
- *Compliance:* Termo que se refere a estar agindo de acordo com um conjunto de regras.
- *Conselho consultivo e/ou conselho de família:* Unidade paralela à administração da empresa que conduz um processo de aconselhamento aos sócios.
- *Conselho de Administração*: É um corpo de membros eleitos ou designados que, conjuntamente, supervisiona as atividades de uma organização.
- *Conselho Fiscal*: É um corpo de membros responsável por fiscalizar as atividades dos gestores da organização.
- *Equidade:* Caracteriza-se pelo tratamento justo e igualitário de todos os sócios e demais partes interessadas, levando em consideração seus direitos, deveres, necessidades, interesses e expectativas.
- *ESG:* O ESG é um índice que avalia as operações das principais empresas conforme os seus impactos em três eixos da sustentabilidade – o Meio Ambiente, o Social e a Governança e ESG. A medida oferece mais transparência aos investidores sobre as empresas nas quais eles estão investindo.
- *Governança*: Envolve processos, costumes e leis que regem a forma como uma empresa é administrada
- *KPI*: Sigla em inglês para *Key Performance Indicator*, ou Indicadores-Chave de Desempenho.

- *ONU*: Organização das Nações Unidas
- *Pnuma: Programa das Nações Unidas para o Meio Ambiente.*
- *Prestação de Contas (Accountability):* Os agentes de Governança e ESG devem prestar contas de sua atuação de modo claro, conciso, compreensível e tempestivo, assumindo integralmente as consequências de seus atos e omissões, e atuando com diligência e Responsabilidade Corporativa no âmbito dos seus papéis.
- *Responsabilidade Corporativa:* Os agentes de Governança e ESG devem zelar pela viabilidade econômico-financeira das empresas, ao reduzir as externalidades negativas de suas operações e aumentar as positivas. É preciso levar em consideração, no seu modelo de negócio, aspectos ligados aos diversos capitais (financeiro, manufaturado, intelectual, humano, social, ambiental, de reputação etc.) no curto, médio e longo prazo.
- *RTD*: *Resource Dependence Theory.* Empresas que necessitam recursos para suas operações, irão consegui-los ao estabelecer relações com outras empresas, criando acordos formais entre elas.
- *SELIC*: Sistema Especial de Liquidação e de Custódia. É a taxa básica de juros da economia, sendo o principal instrumento de política adotado pelo Banco Central para controle da inflação.
- *Stakeholders*: Todos indivíduos ou grupos que são afetados, ou podem afetar a organização e as partes interessadas no negócio. Todos os envolvidos no projeto ou processo organizacional.
- *Transparência:* Desejo de disponibilizar informações relevantes para seus públicos de interesse, e não apenas aquelas impostas por leis ou regulamentos. Não deve se restringir ao desempenho econômico-financeiro, mas contemplar também outros fatores (inclusive os intangíveis) que norteiam a ação gerencial e contribuem para preservar e valorizar a empresa.
- *Triple Bottom Line*: O tripé da sustentabilidade – expressão consagrada atualmente e também conhecida como os "Três Ps" (people, planet and profit) ou, em português, "PPL" (pessoas, planeta e lucro).
- *VUCA/VICA*: Acrônimo que significa Volatilidade, Incerteza, Complexidade e Ambiguidade.